Lösungen zu

Das ist Mathematik 3

Lehrbuch und Aufgabensammlung
für die 3. Klasse
der allgemein bildenden höheren Schulen und der Hauptschulen

Univ.-Prof. Mag. Dr. Hans Humenberger
Hofrat Mag. Dr. Dieter Litschauer
OStR Prof. Mag. Herbert Groß
LSI Prof. Mag. Vera Aue
Ao. Univ-Prof. i. R. Dr. Erich Neuwirth

Themenseiten nach Vorlage von
Ao. Univ.-Prof. Dr. Rudolf Taschner

Unter Mitarbeit von
Ao. Univ.-Prof. Mag. Dr. Stefan Götz

Zusammengestellt von
Mag. Richard Broneder
Mag. Thomas Payer

www.oebv.at

Hinweise für den Gebrauch des Lösungshefts

Das Lösungsheft ist zur **Kontrolle** und nicht zum Abschreiben gedacht. Arbeite deshalb ehrlich, löse jede Aufgabe selbständig und kontrolliere erst dann die Ergebnisse!

Die mit **K** bezeichneten Lösungen sind **Kontrolllösungen** und betreffen zB Konstruktionsaufgaben, die durch Messung der angeführten Längen bzw. Winkel kontrolliert werden können. Deine Messergebnisse können in der letzten Ziffer von den angegebenen Lösungen abweichen.

Die **Figuren** im Lösungsheft sind zum Teil **verkleinert** dargestellt. Es können daher im Allgemeinen keine Längen aus den Figuren entnommen werden.

Für manche Fragen werden aufgrund der Aufgabenstellung nur **Lösungsvorschläge** gemacht, die mit „**zB**" eingeleitet werden. Wenn **Überschlagsrechnungen** angegeben werden, sind diese ebenfalls nur beispielhaft zu verstehen, da im Allgemeinen unterschiedliche Rundungen möglich sind.

Manche Ergebnisse sind aufgrund der gegebenen Größen bzw. des Sachverhalts sinnvoll gerundet angegeben. Zum Vergleich sind dann die ungerundeten Zahlenwerte in Klammern angegeben. „..." hinter der letzten Ziffer bedeutet, dass die weiteren Kommastellen das gerundete Ergebnis nicht mehr beeinflussen. Ob bei Zwischenergebnissen sinnvollerweise gerundete oder ungerundete Werte weiterverwendet werden, hängt von der Aufgabenstellung ab. Daher sind jene Werte, mit denen weitergerechnet wurde, unterstrichen.

Dieses Lösungsheft wurde mit großer Sorgfalt erstellt. Sollten trotzdem Fehler passiert sein, so bitten wir, dies dem Verlag (Österreichischer Bundesverlag Schulbuch GmbH & Co. KG, E-Mail: ahs@oebv.at) mitzuteilen. Auch Wünsche und Anregungen werden gerne entgegengenommen.

Viel Freude und Erfolg mit deiner Mathematikarbeit!

1 zB: Die Frage kann nicht beantwortet werden, da die Geschwindigkeit nicht von der Anzahl der Beine abhängt.

2 Berechne zuerst das kleinste gemeinsame Vielfache von 4 Wochen, 8 Wochen, 12 Wochen und 16 Wochen. kgV (4, 8, 12, 16) = 48.
Die Schiffe treffen am 4. Dezember (Schaltjahr: 3. Dezember) im Hafen zusammen.

3 Die dritte Sprosse wird nie vom Wasser erreicht, da sich das Schiff mit dem steigenden Wasserspiegel hebt.

4 In der Mitte

5 Walter hat in seinem Korb 7, Werner 5 Steine zu tragen.

6 a) 45 m b) 51,75 m

7 Es dauert noch drei Tage.

8 Erdgeschoß: 16 Personen, 1. Stock: 26 Personen, 2. Stock: 10 Personen

9 A wahr B falsch C falsch D falsch

10 Die Familienpackung enthält 640 g Müsli, da das Volumen das Achtfache des Volumens der Packung für eine Person ist.

11 Gewinn pro Gruppe: x

Gewinn pro Spieler der 1. Gruppe: $\frac{x}{5}$

Gewinn pro Spieler der 2. Gruppe: $\frac{x}{6}$

$\frac{x}{6} + 1000 = \frac{x}{5}$

$\underline{x = 30\,000}$ Der Gewinn einer Gruppe betrug 30 000 €.

12 Masse eines Laibes: m

$m = 1\frac{1}{2} + \frac{m}{2}$

$\underline{m = 3}$ Der Laib Brot wiegt 3 kg.

13 Es wird ein gleichseitiges Dreieck umschritten.

K **14** Nein, solche Gegenstände gibt es nicht.

15 zB: a)

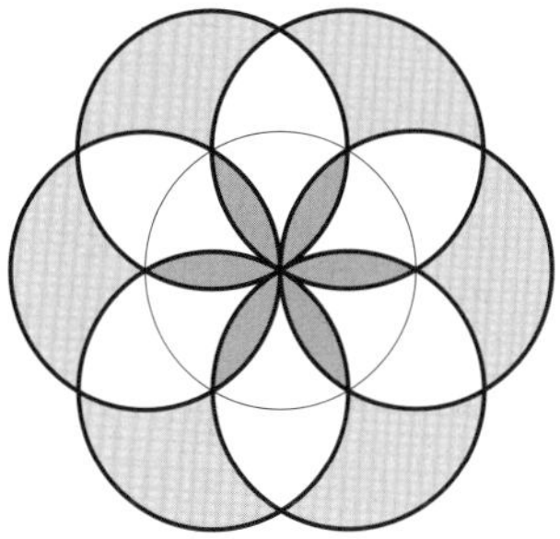

b)

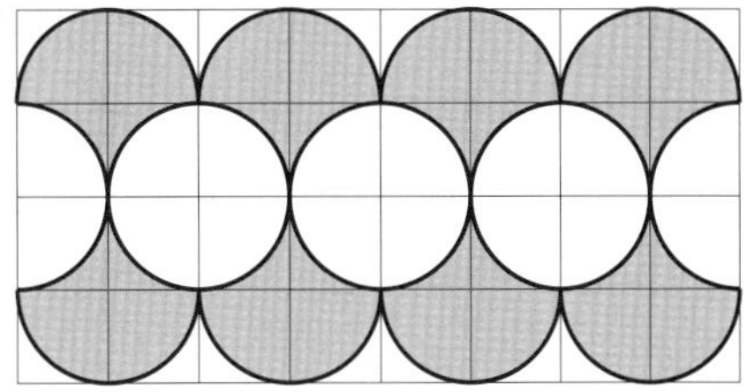

K **16** a) … ein „Sechser".
b) … ein „R".

17 Beachte die Anleitung!

18 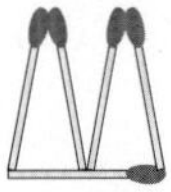

19 1) 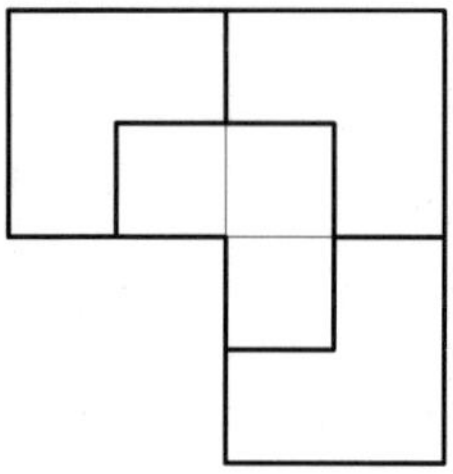

2) u = 10 cm

20 Es sind 2 rote und 38 blaue gleichseitige Dreiecke (drei verschiedene Größen).

21 Der Flächeninhalt beträgt 382 cm^2.

22 5

23 10 000 €

24 3

25 14,80 €

26 46

27 Alex und Ed wiegen zusammen weniger als Franz und Dan.

28 989 998

29 125 €

30 144

31 30

32 42

33 $\frac{1}{2}$ der Kunden Produkt A, $\frac{1}{2}$ Produkt B

34 37

35 A und C

36 100 cm

37 700

38 30 %

39 D

40

a) 1) +3 °C	2) 0 °C	3) –3 °C
b) 1) 0 °C	2) –3 °C	3) –6 °C
c) 1) –2 °C	2) –5 °C	3) –8 °C
d) 1) –3 °C	2) –6 °C	3) –9 °C
e) 1) –6 °C	2) –9 °C	3) –12 °C

41

a) 1) +5 °C	2) +7 °C	3) +10 °C
b) 1) +2 °C	2) +4 °C	3) +7 °C
c) 1) 0 °C	2) +2 °C	3) +5 °C
d) 1) −4 °C	2) −2 °C	3) +1 °C
e) 1) −8 °C	2) −6 °C	3) −3 °C

42 a) 7 °C c) 10 °C e) 8 °C g) 14 °C
b) 7 °C d) 10 °C f) 6 °C h) 12 °C

43 a) 8 °C b) 4 °C c) 3 °C d) 0 °C e) 5 °C

44

	0 Uhr	6 Uhr	9 Uhr	12 Uhr	15 Uhr	18 Uhr	24 Uhr
Temperatur	−2 °C	−3 °C	0 °C	+3 °C	+2 °C	0 °C	−2 °C
Änderung	–	1 °C	3 °C	3 °C	1 °C	2 °C	2 °C

45

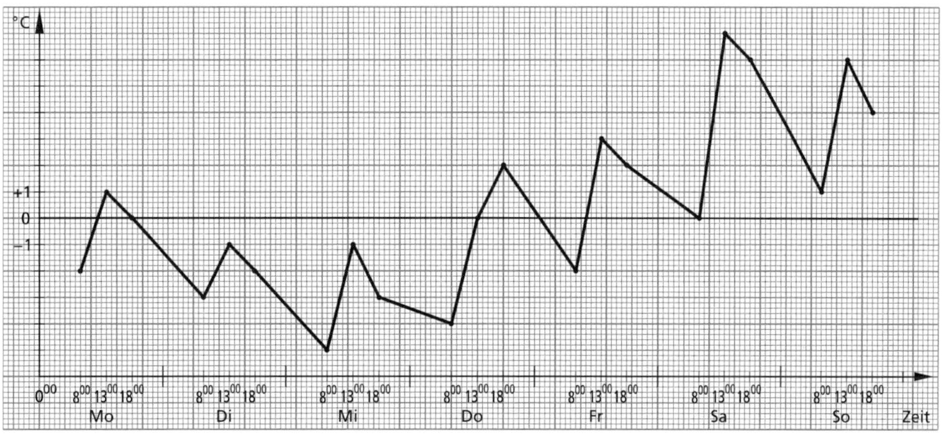

K **46** Vergleicht mit Aufgabe 45!

47 a) 65 °C b) 45 °C

48 Der Temperaturunterschied beträgt 300 °C.

49 Die Tageshöchsttemperatur wird zwischen 20 °C und 26 °C betragen.

50 a) 4 043 m b) 4 636 m c) 593 m d) 10 600 m e) 19 872 m

51 a) 299 m über dem Meeresspiegel.
b) 1 023 m unter dem Meeresspiegel.
c) 1 225 m unter dem Meeresspiegel.

K **52** Beachte die <u>hinter</u> den Beträgen stehenden Vorzeichen!

53 a) 308 € b) 358 € c) 503 €

54 Sie muss mindestens 1 102 € auf ihr Konto einzahlen.

55 a) 600 € b) 1 350 € c) 330 € d) 150 € e) 1 230 € f) 3 550 €

56 a) −6, −4, −2, +3 b) −11, −7, −2, +3, +9 c) −150, −125, −25, +50, +75

57 zB: a) Einheitsstrecke 5 mm!

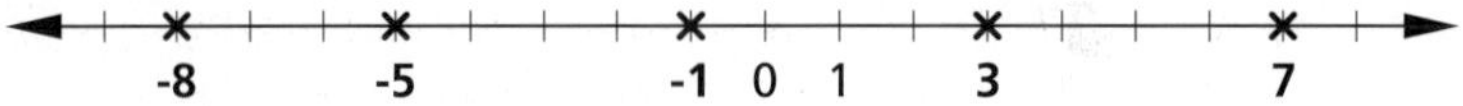

b) Einheitsstrecke 5 mm!

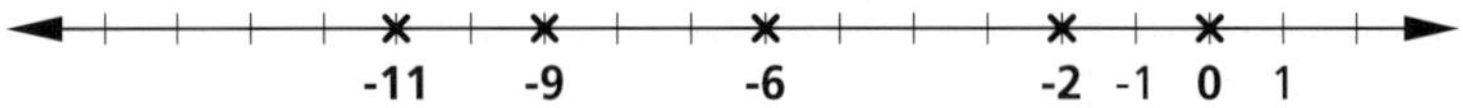

c) Einheitsstrecke 1 mm!

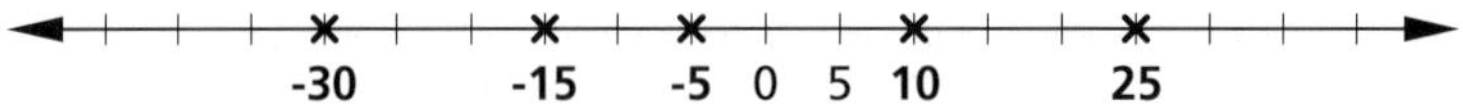

d) Wähle zB für 0 bis 10 eine Strecke von der Länge 5 mm!

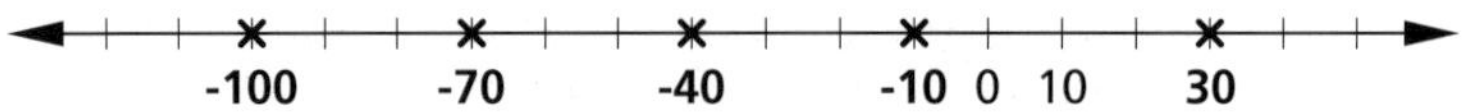

58 a) $-8, -6, 0, +2, +5$
b) $-9, -4, +1, +3, +6$
c) $-9, -7, -5, -4, -1$
d) $-9, -6, 0, +8, +9$
e) $-25, -17, -13, -10, +25$
f) $-37, -27, -21, -14, -8$

59 a) $-3 < +5$
b) $-4 > -5$
c) $+2 > -8$
d) $0 < +3$
e) $-7 < 0$
f) $+2 > -2$
g) $+8 > -3$
h) $-9 < -6$
i) $-4 < +5$
j) $0 > -8$
k) $+8 > -3$
l) $-5 < +7$
m) $-6 < -4$
n) $+9 > 0$
o) $-8 < 0$
Die auf der Zahlengeraden weiter links liegende Zahl ist kleiner als die rechts liegende.

60 A richtig
B falsch (0 ist keine positive ganze Zahl)
C richtig
D richtig
E falsch (negative ganze Zahlen sind keine natürlichen Zahlen)

61 a) zB: $-5; -2; +1; +2$ b) $-11; -10$ c) -13 d) -7

62 a) $-4; -3; -2; -1; 0; +1$

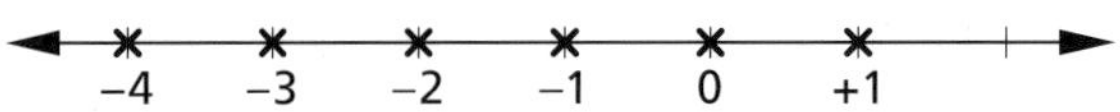

b) $-7; -6; -5; -4; -3; -2; -1$

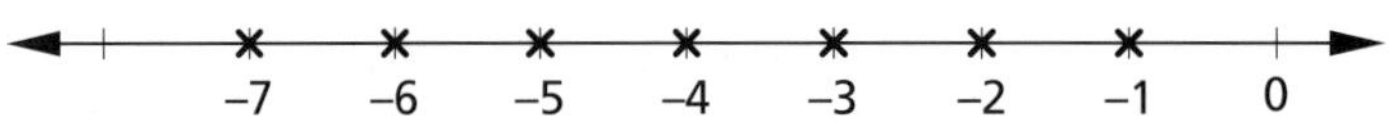

c) $-2; -1; 0; +1; +2; +3; +4; +5$

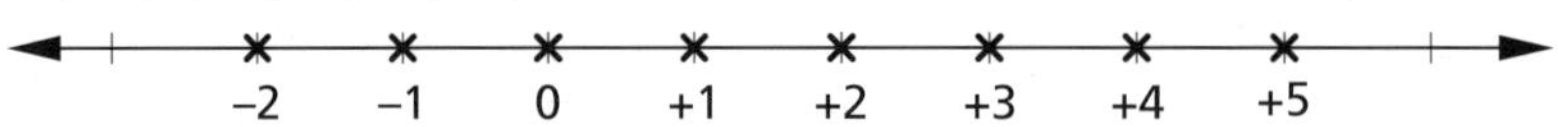

d) $0; +1; +2; +3; +4; +5; +6$

62 e) – 2; – 1; 0; + 1; + 2; + 3; + 4; + 5

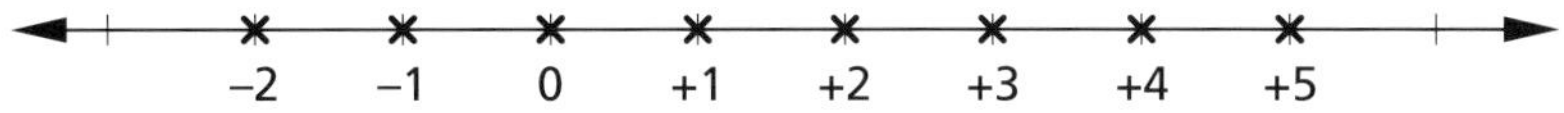

f) 0

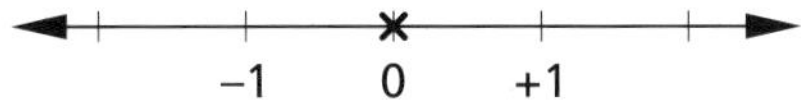

g) – 3, – 2, – 1, 0, 1, 2, …

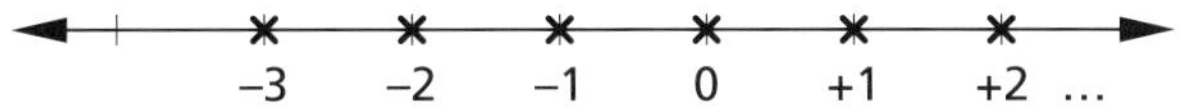

h) …, – 2, – 1, 0, 1, 2

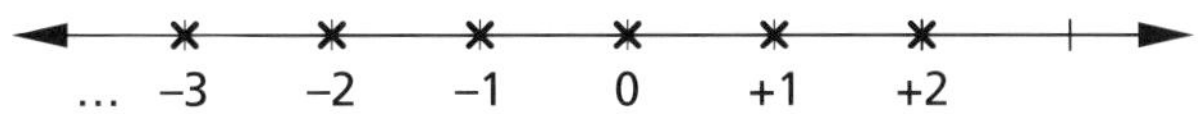

63 zB: a) $\{x \in \mathbb{Z} \mid -5 \leqslant x \leqslant 2\}$ c) $\{x \in \mathbb{Z} \mid x \geqslant -1\}$ e) $\{x \in \mathbb{Z} \mid -3 \leqslant x < 3\}$
b) $\{x \in \mathbb{Z} \mid -3 < x < 7\}$ d) $\{x \in \mathbb{Z} \mid x \leqslant -2\}$ f) $\{x \in \mathbb{Z} \mid x \geqslant -2\}$

64 a) 1) {– 3, – 2, – 1, 0, 1, 2, 3, 4}
2) {– 4, – 3, – 2, – 1, 0, 1, 2, 3}
3) {– 4, – 3, – 2, – 1, 0, 1, 2, 3, 4}

b) 1) {– 3, – 2, – 1, 0, 1, 2, 3}
2) {– 2, – 1, 0, 1, 2}
3) {– 3, – 2, – 1, 0, 1, 2}

65 a) 1) + 5 2) 5
b) 1) – 8 2) 8
c) 1) – 19 2) 19
d) 1) + 37 2) 37
e) 1) 0 2) 0
f) 1) – a 2) a
g) 1) + b 2) b

66

	1)	2)	3)	4)	5)	6)	7)	8)	9)	10)	11)	12)
Zahl	– 28	+ 56	+ 12	± 48	– 74	– 45	+ 100	± 30	0	± 91	+ 77	± 25
Gegenzahl	+ 28	– 56	– 12	∓ 48	+ 74	+ 45	– 100	∓ 30	0	∓ 91	– 77	∓ 25
Betrag	28	56	12	48	74	45	100	30	0	91	77	25

Wenn der Betrag gegeben ist, gibt es zwei Lösungsmöglichkeiten.

67 a) $|-1| < |-3| < |+5| < |-7| < |+8| < |-10|$
b) $|0| < |-2| < |+4| < |+5| < |-7| < |-8|$
c) $|0| < |+2| < |-3| < |+4| < |-5| < |-7|$

68 a) $|-8| > |+3|$ c) $|+4| < |-6|$ e) $|+9| > |-7|$ g) $|-7| > |0|$
b) $|+5| = |-5|$ d) $|0| < |-4|$ f) $|-8| < |-10|$ h) $|+8| = |-8|$

69 1) true
2) false, eg: $|-20| > +17$
3) true
4) false, eg: $-|-13| < +13$
5) true
6) true
7) true
8) true
9) true
10) true
11) true
12) true

70 a) – 3; + 3
b) – 3; – 2; – 1; 0; + 1; + 2; + 3
c) …; – 9; – 8; + 8; + 9; …
d) – 8; + 8
e) 0
f) $\mathbb{Z} \setminus \{0\}$
g) …; – 4; – 3; + 3; + 4; …
h) $\mathbb{Z}$
i) $\mathbb{N}$
j) $\mathbb{Z}^-$

71 a) $|x| \leqslant 2$ c) $|z| \leqslant 10$ e) $|b| \geqslant 6$ g) $|d| > 8$
b) $|y| \leqslant 3$ d) $|a| \leqslant 20$ f) $|c| \geqslant 2$ h) $|e| > 42$

72 a)

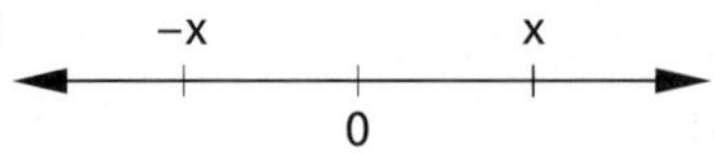

b)

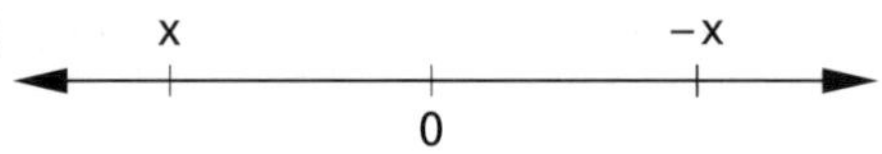

c)

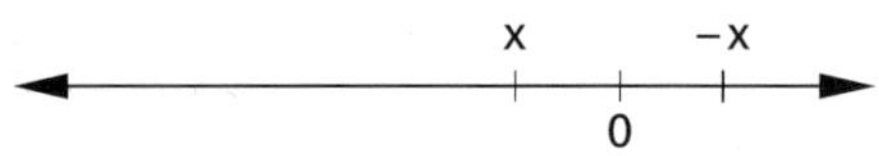

d) Zur Zahl Null gibt es keine Gegenzahl.

73 a) Wenn a eine positive Zahl ist.
zB: – (+ 3) = –3, – (+ 12) = – 12, – (+ 139) = – 139

b) Wenn a eine negative Zahl ist.
zB: –(– 2) = + 2, –(– 7) = + 7, –(– 29) = + 29

74 1) nein; der Betrag ist immer positiv
2) nein; der Betrag ist immer positiv
3) nein; das negative Vorzeichen bleibt erhalten
4) ja; das negative Vorzeichen bleibt erhalten
5) ja; das negative Vorzeichen bleibt erhalten
6) ja; der Betrag ist immer positiv

75 A richtig; die Aussage gilt für alle ganzen Zahlen
B richtig; die Aussage gilt für alle ganzen Zahlen
C richtig; die Aussage gilt für alle negativen ganzen Zahlen
D falsch, die Aussage gilt nur für positive ganze Zahlen und für 0
E falsch; bei negativen Zahlen ist die Gegenzahl größer
F richtig; zB: –(– 8) = |– 8| = 8

76 a)

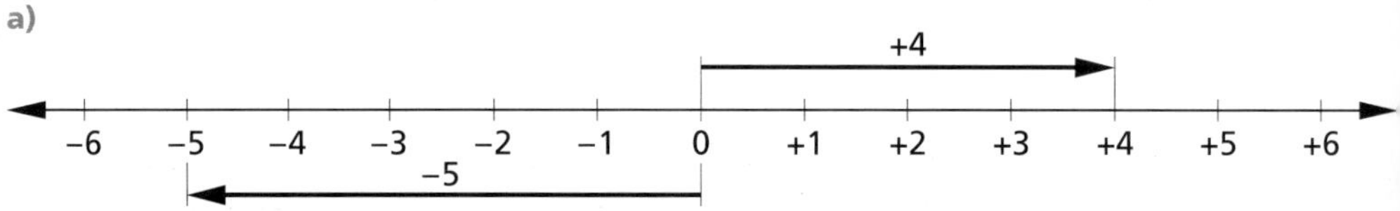

b) zB: Einheitsstrecke 5 mm!

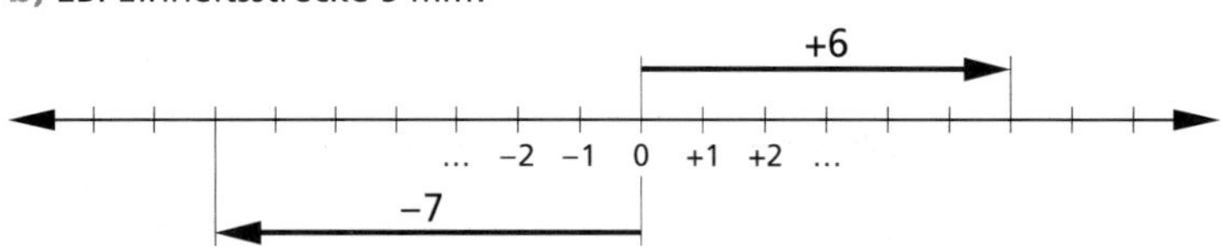

c) zB: Einheitsstrecke 3 mm!

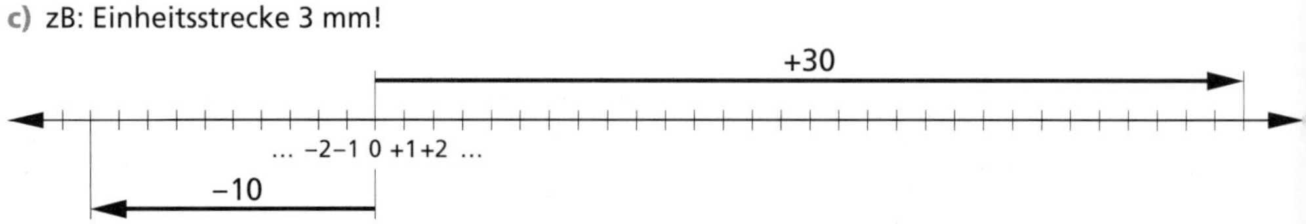

76 d) Wähle zB für 0 bis 100 eine Strecke von der Länge 1 cm!

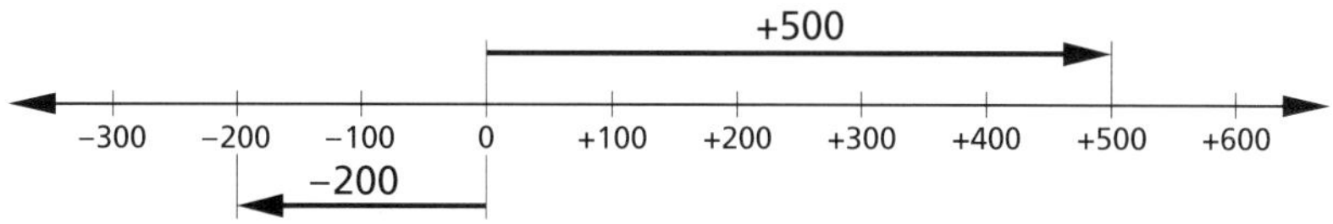

e) Wähle zB für 0 bis 500 eine Strecke von der Länge 1 cm!

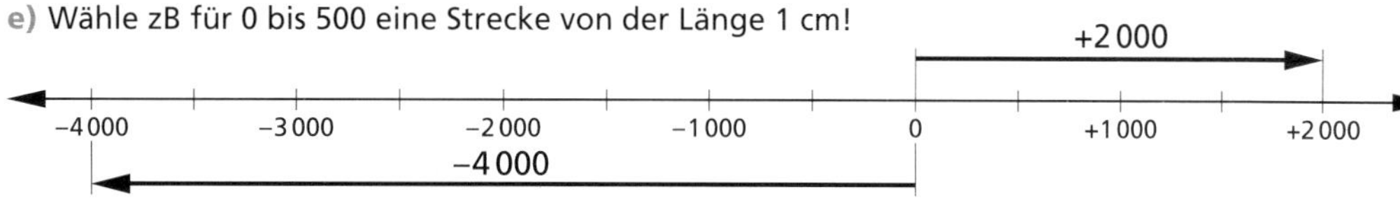

77 zB: Einheitsstrecke 1 cm!

a) (+2) + (+5) = (+7)

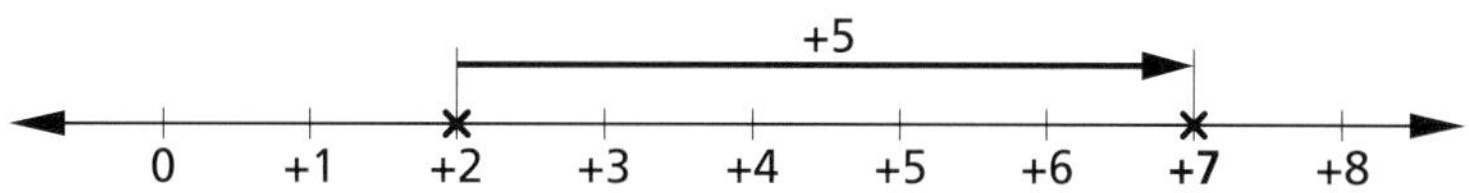

b) (– 1) + (+6) = (+5)

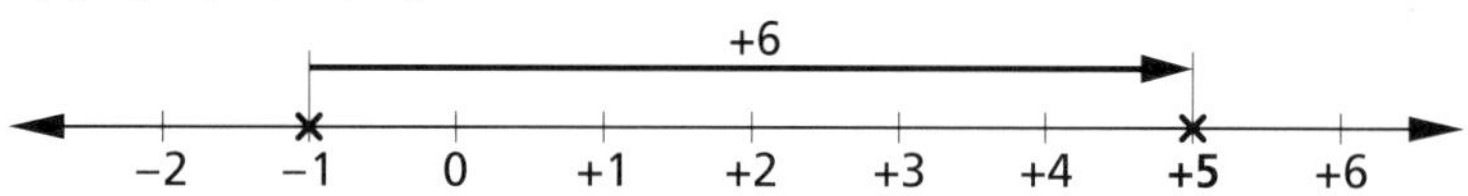

c) (– 6) + (+4) = (– 2)

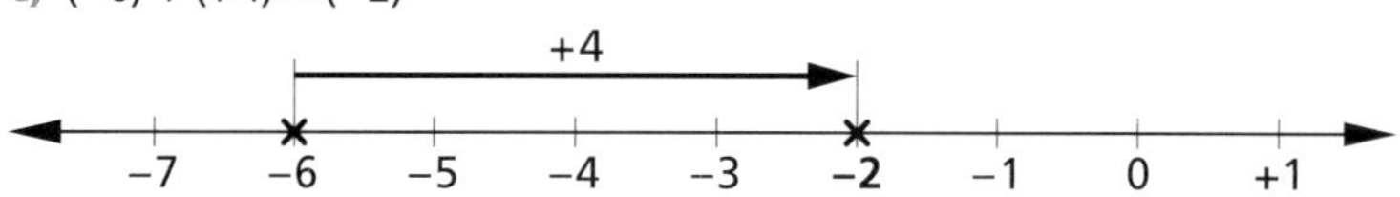

d) 0 + (+7) = (+7)

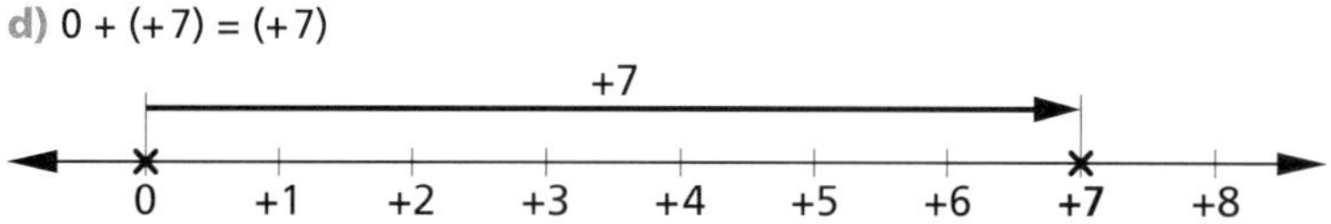

e) 0 + (– 8) = (– 8)

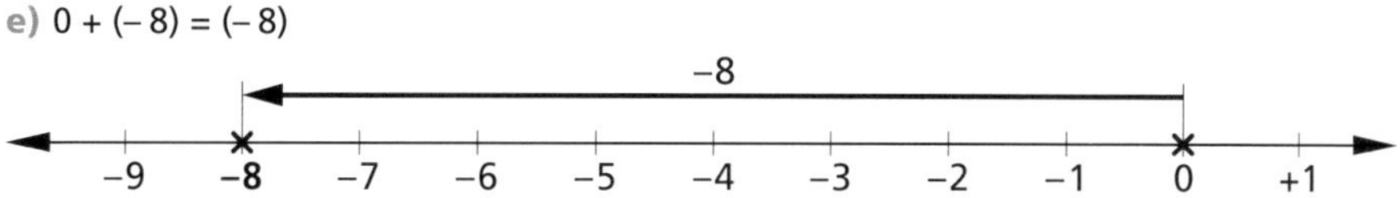

f) (+7) + (– 5) = (+2)

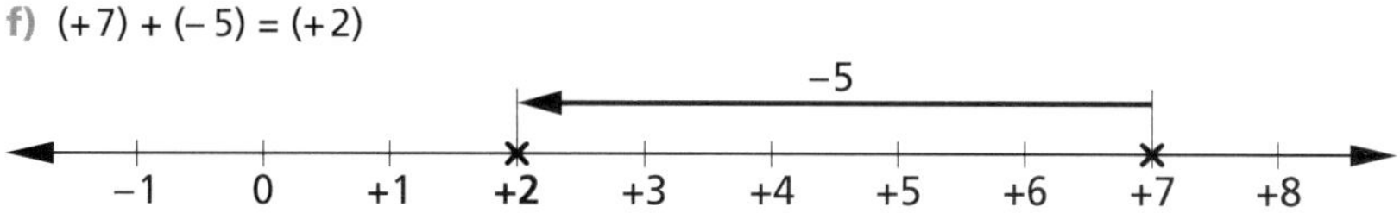

g) (+4) + (– 9) = (– 5)

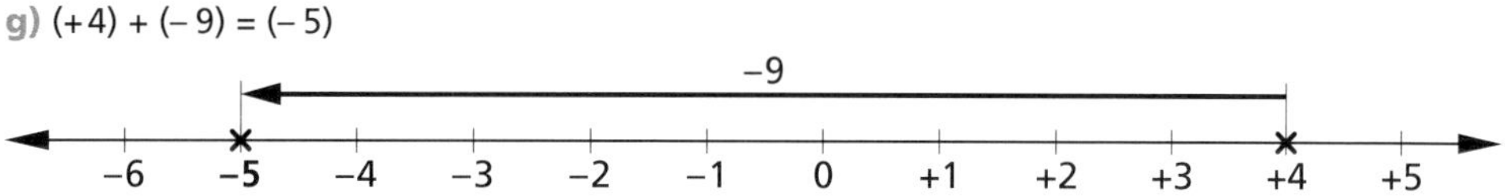

h) (– 8) + (– 3) = (– 11)

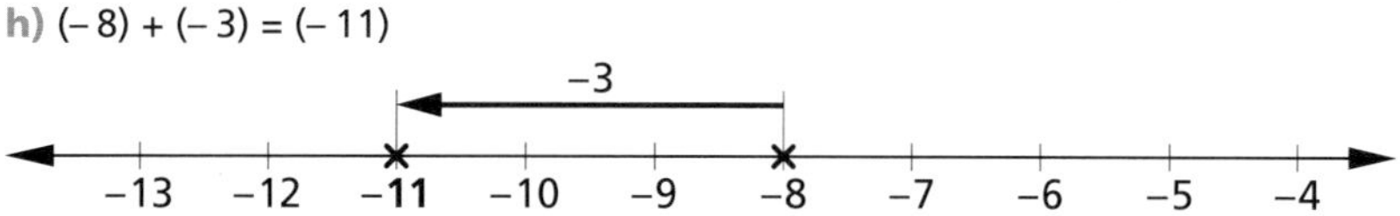

78 a) +26 b) +12 c) – 5 d) +5 e) – 6 f) – 21 g) – 23 h) – 34

79 a) – 7 b) – 2 c) +2 d) +3 e) – 8 f) 0

80 a) – 3 b) – 8 c) – 38 d) – 27

81 a) – 10 b) – 67

82 a) – 13 b) – 1 c) 0 d) – 12

83 a)

	+(–8)	+(+2)	+(–3)	+0
+5	– 3	+7	+2	+5
–6	–14	–4	–9	–6

b)

	+(–10)	+(+9)	+(–3)	+(–1)
– 11	–21	–2	–14	–12
0	–10	+9	– 3	– 1

84 a) +4 b) – 7 c) – 39 d) – 13

Die Ergebnisse sind gleich.

In a) bis c) ist das Vertauschungsgesetz der Addition gemeint:

$a + b = b + a$ für $a, b \in \mathbb{Z}$.

In d) ist das Verbindungsgesetz der Addition gemeint:

$(a + b) + c = a + (b + c)$ für $a, b, c \in \mathbb{Z}$.

85 1) – 3 2) – 7 3) 5 4) + a 5) – b

Addiert man zu einer ganzen Zahl die Zahl Null, so bleibt die Zahl unverändert.

86 zB: (+ 1) + (– 1) = 0; (– 5) + (+ 5) = 0; (+ 12) + (– 12) = 0

Das Ergebnis ist immer 0.

87 a) x = – 3 b) y = – 7 c) z = +2 d) a = +4 e) b = – 57 f) c = +100 g) d = +54 h) e = – 99

88 a) 11 b) 5 c) 26 d) – 103 e) 75 f) – 68 g) – 197

89 zB: a) – 1, – 4, – 17 b) + 1, + 5, + 126 c) 0, – 16, – 25 d) 0, 2, 7 e) – 10, – 20, – 27 f) 8, 10, 47 g) 12, 13, 19 h) – 2, 0, 4

90 1) zB: – 8 = (– 2) + (– 6) 2) zB: – 8 = (+ 2) + (– 10)

91 1) zB: – 10 = (– 1) + (– 3) + (– 6) 2) nicht möglich 3) zB: – 10 = (+ 3) + (– 6) + (– 7) 4) zB: – 10 = (+ 5) + (+ 6) + (– 21)

92 – 48 = (– 17) + (– 16) + (– 15)

93 A: richtig; y ist eine negative ganze Zahl

B: falsch; natürliche Zahlen sind nie negativ

C: falsch; natürliche Zahlen sind nie negativ

D: richtig; y ist die Gegenzahl zu x

94 a) 560 € b) 310 € c) – 35 €

95 a) – 303 € b) 177 € c) 992 €

96 a) 2400 € b) 3600 €

97

a) +5
b) – 5
c) – 11
d) – 11
e) +12
f) +13
g) – 3
h) +7

98

a)

	–(–3)	–(+9)	–(–1)	–0
+6	+9	– 3	+7	+6
–2	+1	– 11	– 1	– 2
–9	– 6	– 18	– 8	– 9

b)

	–(+4)	–(–8)	–(+9)	–(–15)
– 6	– 10	+ 2	– 15	+ 9
– 12	– 16	– 4	– 21	+ 3
+ 9	+ 5	+17	0	+24

99 a) +10 b) – 3 c) – 8 d) +5 e) +25 f) +42

100 a) – 4 b) +10 c) – 46 d) – 13 e) 0 f) – 46

101 a) +6; 0 b) – 9; +5 c) – 1; – 9
Die Ergebnisse sind verschieden.

102

a) (+5) – (– 2) – (– 8) – (– 6) = (+5) – [(– 2) + (– 8) + (– 6)] = 21
b) (+5) – (+2) – (+8) – (+6) = (+5) – [(+2) + (+8) + (+6)] = – 11
c) (– 5) – (+2) – (+8) – (+6) = (– 5) – [(+2) + (+8) + (+6)] = – 21

103 1) – 5 2) +3 3) – 8 4) +5 5) +15 6) – 15 7) +a 8) +b
zB: Subtrahiert man von einer ganzen Zahl die Zahl Null, so bleibt die Zahl unverändert. Subtrahiert man eine ganze Zahl z von null, so erhält man ihre Gegenzahl – z.

104 zB: (+5) – (– 5) = +10, (– 7) – (+7) = – 14, (+3) – (– 3) = +6
Subtrahiert man von einer ganzen Zahl ihre Gegenzahl, so erhält man das Doppelte der ursprünglichen Zahl.

105

1) Alle Summen betragen 15.
2) Ja, die Summen betragen – 3.
3) Dieses Zauberquadrat enthält nur 6er.
   Zahl im 1. Zauberquadrat: x
   Zahl im 2. Zauberquadrat: x – 6
   Zahl im 3. Zauberquadrat: x – (x – 6) = 6
4) Man muss die Zahlen des 2. und 3. Quadrats addieren.

106

a) 3 + 11 = 14
b) – 5 – 8 = – 13
c) 12 – 3 = 9
d) 8 – 13 = – 5
e) – 19 + 12 = – 7
f) – 16 +37 = 21
g) – 23 – 17 = – 40
h) – 16 – 35 = – 51

107

a) 3 + 8 = 11
b) 4 + 2 = 6
c) – 1 – 5 = – 6
d) – 7 + 2 = – 5
e) – 12 – 9 = – 21
f) – 1 – 7 = – 8
g) 45 + 24 = 69
h) 35 – 48 = – 13

108 zB:

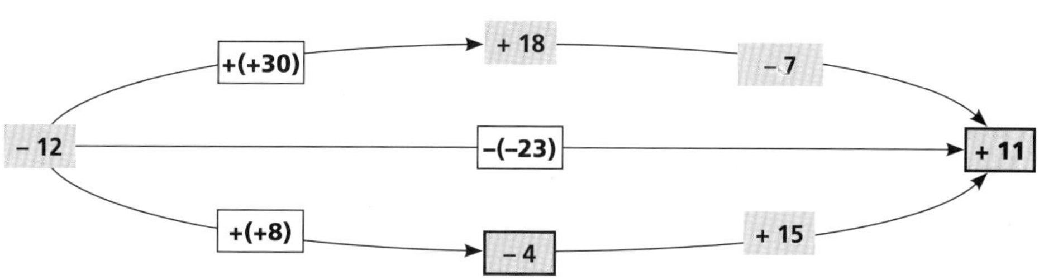

109 zB: a) +1, +17, +129 c) – 10, 0, +3 e) +1, – 2, – 21 g) +1, 0, – 35
b) – 19, – 26, – 321 d) +6, +12, +124 f) 10, +14, +144 h) +4, + 103, + 357

110 a) Alexander der Große kam 356 vor Chr. zur Welt.
b) Hannibal starb 183 vor Chr.
c) Cäsar wurde 100 vor Chr. geboren.
d) Der Römer war 23 Jahre alt.

111 Sokrates: 470 vor Chr. – 399 vor Chr.
Plato: 427 vor Chr. – 347 vor Chr.
Aristoteles: 384 vor Chr. – 322 vor Chr.

112 1) Ötzi lebte vor der Zeit des Pyramidenbaus.
2) Ötzi lebte rund 700 Jahre vor der Zeit des Pyramidenbaus.

113 a) 100 °C b) 193 °C c) 245 °C d) 396 °C e) 4 °C

114 Alle Rechnungen sind richtig.
a) Man subtrahiert eine positive Zahl von einer negativen Zahl, indem man die Beträge addiert und vor das Ergebnis ein Minuszeichen setzt.
b) Man subtrahiert eine größere positive Zahl von einer kleineren positiven Zahl, indem man die kleinere positive Zahl von der größeren positiven Zahl subtrahiert und vor das Ergebnis ein Minuszeichen setzt.
c) Man addiert eine dem Betrag nach kleinere positive Zahl zu einer dem Betrag nach größeren negativen Zahl, indem man die Beträge subtrahiert und vor das Ergebnis ein Minuszeichen setzt.

115 a) … = (16 + 14) – 27 = 3
b) … = (31 + 19) – 36 = 14
c) … = 10 – (53 + 17) = – 60
d) … = (17 + 13) – (23 + 7) = 0
e) … = (37 + 43) – (28 + 52) = 0
f) … = (26 + 64) – (51 + 29 + 30) = – 20

116 a) … = – 4 + 5 + 8 = 9
b) … = 7 + 4 – 9 = 2
c) … = 8 – 10 – 6 = – 8
d) … = – 11 – 21 + 12 = – 20

117 a) … = – 2 – 3 + 7 – 6 = – 4
b) … = 6 – 5 – 3 + 8 = 6
c) … = – 2 + 9 + 5 + 11 = 23
d) … = – 17 + 8 – 13 – 21 = – 43

118 a) … = 6 + 9 + 13 – 18 – 10 = 0
b) … = – 2 – 17 + 13 + 8 – 11 = – 9
c) … = 27 – 31 + 18 – 14 + 9 = 9
d) … = – 15 + 24 – 9 + 17 – 5 = 12

119 a) … = – 12 + [– 3 +9] = – 6
b) … = 8 – [– 5 +8] = 5
c) … = [– 7 +9] + 3 = 5
d) … = – 8 – [3 – 18] = 7
e) … = [– 16 – 18] – 25 = – 59
f) … = [– 27 – 33] + 46 = – 14
g) … = 56 – [– 89 +49] = 96
h) … = [– 37 + 59] – 25 = – 3
i) … = [123 – 77] – 154 = – 108

120 a) … = 5 – [– 3 – 5 – 8] = 21
b) … = [6 + 8] + [– 3 – 5] = 6
c) … = [– 5 – 7] – [6 – 3] = – 15
d) … = 3 – [– 7 – 5] + 9 = 24
e) … = [– 16 – 13] + [– 25 + 18] = – 36
f) … = 43 – [– 25 + 36 – 29] = 61

121

1) … = 3 + 4 – 6 = 1
2) … = 3 – 4 + 6 = 5
3) … = – 3 + 4 + 6 = 7
4) … = – 3 – 4 + 6 = – 1
5) … = – 3 – 4 – 6 = – 13
6) … = – 3 + 4 – 6 = – 5
7) … = 3 – (–2) = 5
8) … = 3 – (–10) = 13

The results are different.

122

a) … = – 6 + [5 – 5] = – 6
b) … = [– 5 – 6] – [5 – 11] = – 5
c) … = – 3 – [– 5 – 6] – 12 = – 4
d) … = – 12 – [17 + 15 + 3] = – 47

123

a) Der Kontostand hat sich um 509 € vermehrt.
b) Der neue Kontostand beträgt + 3 267 €.
c) Der alte Kontostand betrug – 1 637 €.

124

1) Der Kontostand beträgt – 4 016 €.
2) Der Kontostand beträgt – 1 449 €

125

04/05 .... + 39 378 hl
05/06 .... – 136 948 hl
06/07 .... – 219 613 hl
07/08 .... – 105 739 hl

K **126**

a)

Burgenland	+ 36 000
Kärnten	– 4 000
Niederösterreich	+ 329 000
Oberösterreich	+ 168 000
Salzburg	+ 41 000
Steiermark	+ 92 000
Tirol	+ 89 000
Vorarlberg	+ 44 000
Wien	+ 411 000

b) Die Längen der Streifen sind:

Burgenland:	2007 … 2,8 cm;	2050 … 3,2 cm
Kärnten:	2007 … 5,6 cm;	2050 … 5,6 cm
Niederösterreich:	2007 … 15,9 cm;	2050 … 19,2 cm
Oberösterreich:	2007 … 14,1 cm;	2050 … 15,8 cm
Salzburg:	2007 … 5,3 cm;	2050 … 5,7 cm
Steiermark:	2007 … 12,1 cm;	2050 … 13,0 cm
Tirol:	2007 … 7,0 cm;	2050 … 7,9 cm
Vorarlberg:	2007 … 3,7 cm;	2050 … 4,1 cm
Wien:	2007 … 16,7 cm;	2050 … 20,8 cm

c) Mit Ausnahme von Kärnten können alle Bundesländer mit einem Bevölkerungszuwachs rechnen!

127 a) Europa (kontinentale Fläche) liegt zwischen ~11 ° westlicher Länge (Westküste Irlands) und ~60 ° östlicher Länge (Uralgebirge, Russland) bzw. zwischen ~36 ° (Südspitze Spaniens) und ~72 ° nördlicher Breite (Nordkap, Norwegen).
b) Nordamerika liegt zwischen ~180° westlicher Länge (Alëuten) und ~18° westlicher Länge (Ostküste Grönlands) bzw. zwischen ~8° nördlicher Breite (Panama) und ~85° nördlicher Breite (Nordküste Grönlands).
c) Australien (kontinentale Fläche) liegt zwischen ~112° östlicher Länge (Steep Point) und ~154° östlicher Länge (Kap Byron) bzw. zwischen ~43° südlicher Breite (Südostkap, Tasmanien) und ~10° südlicher Breite (Kap York).
d) Afrika (kontinentale Fläche) liegt zwischen ~17° westlicher Länge (Dakar, Senegal) und ~51° östlicher Länge (Kap Guardafu, Somalia) bzw. zwischen ~34° südlicher Breite (Nadelkap, Südafrika) und ~38° nördlicher Breite (Nordküste Tunesiens).

128 a)

Von Wien und	Länge	Breite
Buenos Aires	74 °	83 °
Kapstadt	2 °	82 °
Lissabon	25 °	9 °
New York	90 °	7 °
Rio de Janeiro	59 °	71 °
San Francisco	138 °	10 °
Sydney	135 °	82 °

b) Buenos Aires – San Francisco: Länge 64 °, Breite 73 °
c) Lissabon – Rio de Janeiro: Länge 34 °, Breite 62 °
d) Sydney – New York: Länge 225 °, Breite 75 °
e) Kapstadt – New York: Länge 92 °, Breite 75 °
f) Rio de Janeiro – Kapstadt: Länge 61 °, Breite: 11 °

129 a) Bodensee – Totes Meer: 817 m
Bodensee – Kaspisches Meer: 423 m
Bodensee – See Genezareth: 607 m
b) Kaspisches Meer – Totes Meer: 394 m
c) See Genezareth – Kaspisches Meer: 184 m

130 a) < b) = c) < d) =

131 a) richtig, da (– 13) > (– 14)
b) falsch, da – (– 17) = + (+ 17)
c) falsch, da – 15 > – 16
d) richtig

132 a) 1) 3 2) – 3 3) 7 4) 7
b) 1) – 11 2) 11 3) 5 4) 11

133 a) 5 b) – 5 c) – 2 d) 92 e) 26 f) – 20

134 a) 5 b) – 4 c) 10 d) 364 e) – 301 f) 4

135 1) 8 2) 14 3) – 24 4) – 2 5) – 2 6) 2
Die Ergebnisse sind verschieden.

136 a) 13 b) – 10 c) – 17 d) 11 e) 14 f) – 8

137 a) +10 b) +10 c) +10 d) +6 e) −5 f) −5 g) −3 h) −3 i) 0 j) −7 k) −2 l) −1

138 zB: (+3) − (+5) = −2
(+4) − (−6) = +10
(−5) − (−5) = 0
Die Subtraktion zweier ganzer Zahlen ergibt stets eine ganze Zahl, dh., sie ist immer ausführbar. Das gilt nicht für natürliche Zahlen.

139 a) +10 b) −21 c) −24 d) +72 e) 0 f) −48 g) −6 h) +14

140 a) 0 b) −54 c) −126 d) −15 e) +204 f) −120

141 a) −270 b) −1 232 c) −720

142 a) −14 b) +15 c) −468

143 a) 1) +6 2) −6 3) +6
b) 1) −12 2) +12 3) −12
c) 1) −35 2) +35 3) −35
d) 1) −27 2) +27 3) −27
Die Beträge der Ergebnisse sind gleich, die Vorzeichen nicht.

144 a)

	· (−7)	· (+3)	· 0	· (−2)
−8	+56	−24	0	+16
+11	−77	+33	0	−22
+13	−91	+39	0	−26

b)

	· (+13)	· 0	· (−9)	· (+12)
−7	−91	0	+63	−84
+9	+117	0	−81	+108
−11	−143	0	+99	−132

145 a) +60, +60 b) +63, +63 c) −42, −42
Gemeint ist das Verbindungsgesetz der Multiplikation:
$(a \cdot b) \cdot c = a \cdot (b \cdot c)$ mit $a, b, c \in \mathbb{Z}$.

146 a) richtig, da (−6) > (−8)
b) falsch, da (−17) < (−16)
c) … falsch, da das Produkt zweier negativer Zahlen größer als das Produkt einer negativen und einer positiven Zahl ist.
d) … falsch, denn beide Produkte sind positiv und $|-9| > |-8|$.
e) … falsch, da beide Produkte den gleichen Wert haben.
f) … richtig, da das Vertauschungsgesetz gilt.

147 a) mit −9 b) mit +6 c) mit −9

148 a) zB: $(+5) \cdot (-3) = -15$; $(+5) \cdot |-3| = +15$, Gegenzahl −15
$(-2) \cdot (-4) = +8$; $(-2) \cdot |-4| = -8$, Gegenzahl +8
$(+9) \cdot (-1) = -9$; $(+9) \cdot |-1| = +9$, Gegenzahl −9
b) $a \cdot (-b) = -(a \cdot b)$; $a \cdot |-b| = +(a \cdot b)$
$-(a \cdot b)$ und $+(a \cdot b)$ sind Gegenzahlen mit $a \in \mathbb{Z}$, $b \in \mathbb{Z}^+$.

149 zB: $(-5) \cdot (-2) \cdot (-4) \cdot (+1) = -40$
Das Produkt ist immer eine ganze Zahl.

150 1) $(-2) \cdot (-3) = +6$
2) $(-3) \cdot (-1) \cdot (-4) = -12$
3) $(-5) \cdot (-4) \cdot (-3) \cdot (-2) = +120$
Multipliziert man eine gerade bzw. ungerade Anzahl von negativen ganzen Zahlen miteinander, so ist das Ergebnis eine positive bzw. negative ganze Zahl.

151 1) – 2) + 3) –

152 Peters Vater hat nach 24 Monaten sein Konto um 1 437 € überzogen.

153 a) Diese Vorgehensweise bestätigt die Vorzeichenregeln beim Multiplizieren ganzer Zahlen.
b) 1) – 100 € 2) 120 €

154

a) +4	c) +5	e) 0	g) – 9
b) – 7	d) +1	f) +32	h) – 3

155

a) – 1	c) – 4	e) +6	g) 8
b) – 2	d) – 3	f) – 3	h) 0

156

a) +8	c) – 28	e) 0	g) 8
b) – 6	d) – 25	f) +1	h) 11

157 a) – 3; not possible in $\mathbb{Z}$
b) +10 ; not possible in $\mathbb{Z}$
c) – 4, not possible in $\mathbb{Z}$
The order of dividend and divisor is important!

158 a) ... richtig, denn beide Seiten sind negativ und $-4 < -3$.
b) ... richtig, da die linke Seite positiv und die rechte Seite negativ ist.
c) ... richtig, denn beide Seiten sind negativ und $2 < 5$.
d) ... falsch, denn beide Seiten sind negativ und dem Betrag nach gleich.
e) ... falsch, denn beide Seiten sind negativ und $(+2) < (+3)$.
f) ... richtig, denn beide Seiten sind positiv und $|-2| < |-3|$.

159 a) 1) – 68 2) – 16
b) 1) – 104 2) – 88
c) 1) 49 2) – 49

160 a) 156 b) 123 c) – 188 d) – 932

161 a) – 15 b) – 8 c) 36 d) 18

162 a) – 9 b) 12 c) 30 d) – 5

163 1) 77 2) – 77 3) – 107 4) 107

164 a) – 18 b) 20 c) 24 d) 45 e) – 35 f) 5

165 a) 0 b) – 318 c) 312

166 a) – 2, – 18 b) 16, 1 c) 8, 2
Die Ergebnisse sind verschieden.

167

a) $x = -5$, da $(-45) : (-5) = (+9)$ ist
b) $y = -64$, da $(-64) : (+8) = (-8)$ ist
c) $z = -4$, da $56 : (-4) = (-14)$ ist
d) $r = -72$, da $(-72) : (-12) = 6$ ist
e) $u = 10$, $u = -10$, da $100 : 10 = 10$ und $100 : (-10) = (-10)$ ist
f) $w = 0$, da $0 : 3 = 0$ ist
g) $v = 12$, $v = -12$, da $12 = 144 : 12$ und $(-12) = 144 : (-12)$ ist
h) $s = 0$, da $2 \cdot 0 = 0 : 2$ ist

168 30

169 **a)** – 56 **b)** 68 **c)** – 16 **d)** 180 **e)** – 163 **f)** – 21

170

a) – 19; 19 The results are opposite numbers.
b) 3; – 3 The results are opposite numbers.

171

	1)	2)	3)	4)	5)	6)	7)	8)
a)	– 1	11	11	17	– 2	58	0	0
b)	– 1	5	– 11	17	– 26	– 58	– 96	0
c)	– 1	5	– 11	17	– 2	14	0	0
d)	1	11	11	17	26	14	96	0
e)	5	– 14	– 22	– 17	40	– 8	144	0
f)	1	30	22	51	– 64	– 64	– 240	0

172

a) $(-5) \cdot (+7) + (-13) = -48$
b) $(+9) \cdot (-3) - (-8) = -19$
c) $(+128) : (-32) + (-28) = -32$
d) $(-96) : (+3) - (+9) = -41$
e) $[(-23) - (-16)] \cdot (+4) = -28$
f) $[(-18) + (-24)] : [(-4) - (-10)] = -7$

173 Frau Hildegard hat nach 10 Monaten einen Kontostand von – 132 €.

174 **a)** – 0,7; – 0,5; – 0,2; +0,4; +0,9 **b)** – 3,9; – 3,5; – 3,2 **c)** $-\frac{2}{5}$; $-\frac{1}{10}$; 0

175 zB: **a)** Einheitsstrecke 2 cm!

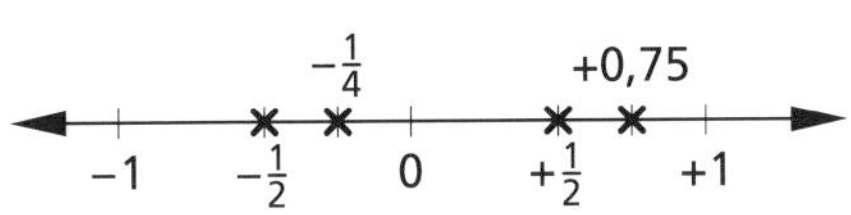

b) Einheitsstrecke 5 cm!

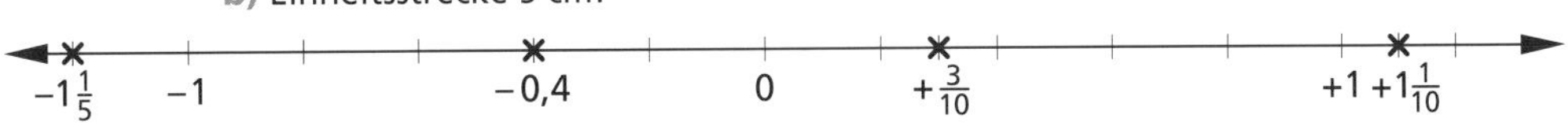

c) Einheitsstrecke 3 cm!

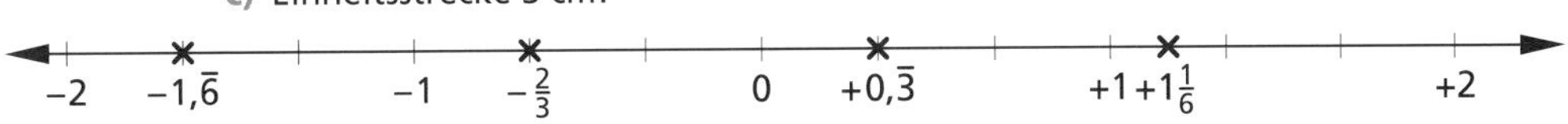

d) Einheitsstrecke 9 cm!

176

a) $-1\frac{1}{2} < 0$ **c)** $+\frac{4}{5} > +0{,}7$ **e)** $+\frac{2}{9} < +0{,}3$ **g)** $-\frac{3}{5} > -\frac{5}{4}$

b) $0 < \frac{2}{7}$ **d)** $+\frac{1}{2} > -\frac{4}{7}$ **f)** $-\frac{7}{4} < -\frac{5}{3}$ **h)** $-8\frac{2}{9} > -8\frac{3}{7}$

177 a) $\left\{-\frac{5}{2}; -\frac{3}{4}; -\frac{2}{3}; -\frac{1}{4}; +1,5; +1\frac{2}{3}\right\}$ c) $\left\{-\frac{17}{3}; -3; -1,8; -1\frac{3}{4}; +\frac{2}{5}; +\frac{4}{9}; +2,6\right\}$

b) $\left\{-1\frac{1}{2}; -1\frac{1}{5}; -0,8; +\frac{2}{5}; +0,5; +1\frac{3}{5}\right\}$ d) $\left\{-1\frac{1}{2}; -1\frac{1}{3}; -\frac{1}{6}; 0; +\frac{2}{3}; +\frac{5}{6}; +0,8\right\}$

178 a) 1) $\frac{-10}{12} < \frac{-9}{12} < \frac{-8}{12} < \frac{-7}{12} < \frac{-6}{12} < \frac{-5}{12} < \frac{-4}{12} < \frac{-3}{12} < \frac{-2}{12} < \frac{-1}{12}$

2) Der kleinere Zähler liegt auf der Zahlengeraden links vom größeren.

b) 1) $\frac{-1}{2} < \frac{-1}{3} < \frac{-1}{4} < \frac{-1}{5} < \frac{-1}{6} < \frac{-1}{7} < \frac{-1}{8} < \frac{-1}{9} < \frac{-1}{10} < \frac{-1}{11} < \frac{-1}{12}$

2) Der kleinere Nenner liegt auf der Zahlengeraden links vom größeren.

179 a) $1 < 1,8 < 2$ e) $0 < 0,02 < 1$ h) $-9 < -8,35 < -8$

b) $-2 < -1,8 < -1$ f) $-1 < -0,02 < 0$ i) $-2 < -\frac{28}{27} < -1$

c) $-4 < -3,7 < -3$ g) $-8 < -7\frac{3}{8} < -7$ j) $-1 < -\frac{27}{28} < 0$

d) $-2 < -\frac{17}{10} < -1$

180 $-\frac{23}{24}$ is situated right of -1, because $-1 < -\frac{23}{24}$.

$-\frac{24}{23}$ is situated left of -1, because $-\frac{24}{23} < -1$.

181 zB: a) $-26,9; -26\frac{3}{5}; -26,25$ c) $-\frac{5}{12}; -\frac{3}{8}; -\frac{4}{12}$ e) $-\frac{9}{100}; -0,07; -0,01$

b) $-1,3; -\frac{11}{10}; -0,56$ d) $-\frac{7}{12}; -\frac{1}{2}; -\frac{5}{12}$ f) $-\frac{11}{48}; -\frac{5}{24}; -\frac{9}{48}$

182 zB: a) $-5,7; -5,8; -5,9$ b) $\frac{59}{84}; \frac{58}{84}; \frac{57}{84}$

183 a) $-5,5$ b) $-\frac{17}{24}$

184 a) …, weil $\frac{11}{20} > \frac{10}{20}$ bzw. $-\frac{11}{20} < -\frac{10}{20}$.

b) …, weil $\frac{8}{10} < \frac{8}{9} < \frac{9}{9}$ bzw. $-\frac{9}{9} < -\frac{8}{9} < -\frac{8}{10}$.

c) …, weil $\frac{21}{22} < \frac{22}{22}$ bzw. $-\frac{22}{22} < -\frac{21}{22}$.

…, weil $\frac{22}{21} > \frac{21}{21}$ bzw. $-\frac{22}{21} < -\frac{21}{21}$.

185 a) $|0| < \left|+\frac{1}{7}\right| < \left|-\frac{2}{3}\right| < \left|+\frac{6}{7}\right| < |-2,5|$ c) $\left|+\frac{3}{4}\right| < \left|-\frac{5}{5}\right| < \left|-\frac{6}{5}\right| = |-1,2| < |+1,5|$

b) $\left|-\frac{3}{5}\right| < \left|-\frac{4}{5}\right| < \left|-\frac{7}{8}\right| < |+0,9| < \left|+\frac{3}{2}\right|$

186 a) $\left|-\frac{1}{2}\right| = \left|+\frac{1}{2}\right|$ c) $|0| < \left|-\frac{4}{5}\right|$ e) $|-4,8| > \left|-4\frac{3}{7}\right|$

b) $\left|-\frac{3}{4}\right| > \left|-\frac{3}{5}\right|$ d) $\left|+2\frac{1}{2}\right| > |-2,4|$ f) $\left|+\frac{8}{11}\right| > |+0,\overline{12}|$

187 a) 1) richtig 3) richtig 5) richtig

2) falsch; richtig: $\left|+\frac{12}{5}\right| = \left|-\frac{12}{5}\right|$ 4) richtig 6) falsch; richtig: $\left|+2\frac{1}{3}\right| > \left|+2\frac{1}{9}\right|$

b) 1) richtig 3) richtig 5) richtig

2) falsch; richtig: $\left|-\frac{7}{2}\right| > -\frac{7}{2}$ 4) richtig 6) richtig

188 a) $+4$ b) -15 c) $+0,7$ d) $-2,8$ e) $-\frac{2}{3}$ f) $+4\frac{7}{8}$

189 a) 1) +0,6; – 0,6 bzw. $+\frac{6}{10} = +\frac{3}{5}$; $-\frac{6}{10} = -\frac{3}{5}$

2) $+0,\overline{2}$; $-0,\overline{2}$ bzw. $+\frac{2}{9}$; $-\frac{2}{9}$

3) +4,7; – 4,7 bzw. $+\frac{47}{10} = +4\frac{7}{10}$; $-\frac{47}{10} = -4\frac{7}{10}$

4) +3,15; – 3,15 bzw. $+\frac{315}{100} = +3\frac{3}{20}$; $-\frac{315}{100} = -3\frac{3}{20}$

b) zB: Einheitsstrecke 1 cm!

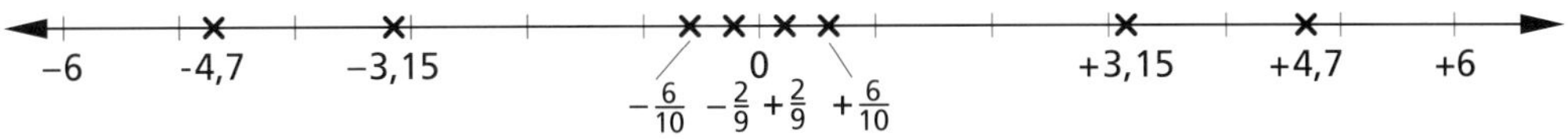

190 a) +1; – 1 b) $+3\frac{1}{2}$; $-3\frac{1}{2}$ c) +0,9; – 0,9 d) $+\frac{2}{3}$; $-\frac{2}{3}$ e) 0

191 zB: 1) +0,3; – 1,5; +0,75 2) – 0,3; +0,2; – 0,7 3) – 1,3; – 2,6; – 3,1 4) nicht lösbar 5) – 5; – 1,18; +0,13

192 zB: a) – 2; $-\frac{1}{2}$; 0; $+\frac{6}{10}$; +3,4; Einheitsstrecke 1 cm!

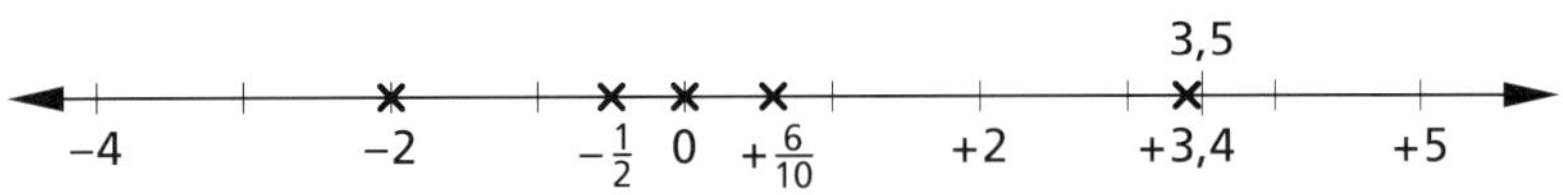

b) +0,5; +1; $+\frac{29}{10}$; $+3\frac{3}{4}$; $+5\frac{1}{10}$; Einheitsstrecke 1 cm!

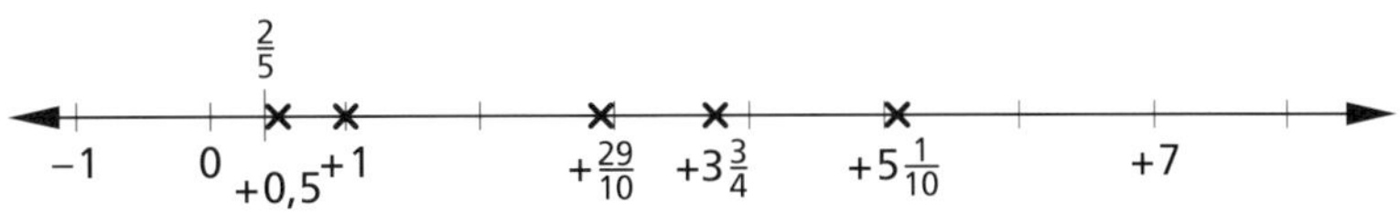

c) $\frac{1}{4}$; $\frac{3}{10}$; $\frac{4}{10}$; $\frac{1}{2}$; $\frac{11}{20}$; Einheitsstrecke 10 cm!

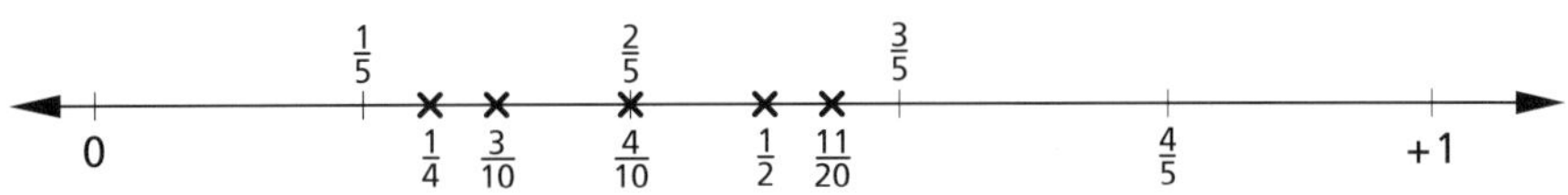

d) – 1,9; – 1; 0; + 1; + 1,8; Einheitsstrecke 2 cm!

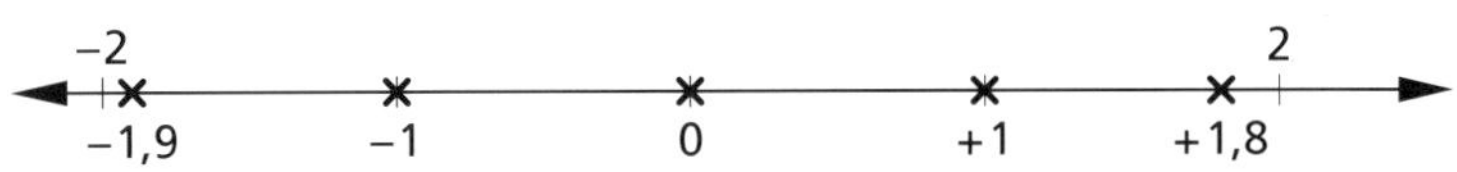

e) – 6,5; – 6; – 5,3; – 4,9; – 4,1; Einheitsstrecke 2 cm!

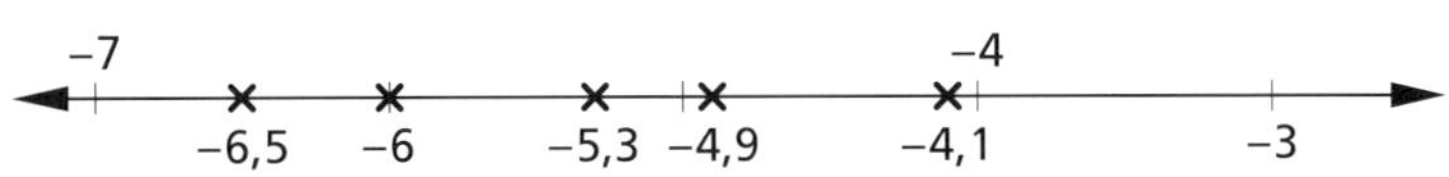

f) $+\frac{1}{2}$; $+\frac{7}{4}$; +2; +5,4; +7,3; Einheitsstrecke 1 cm!

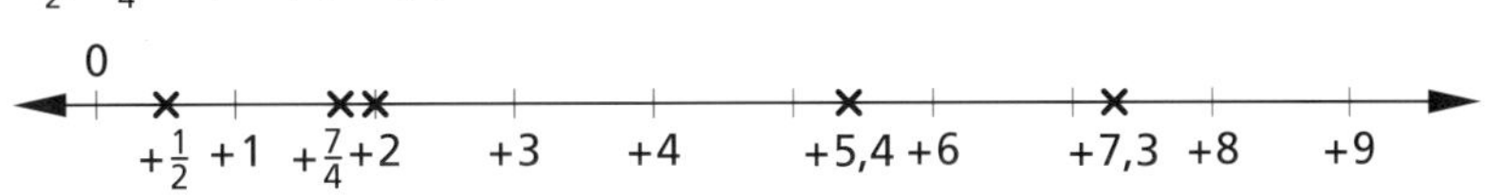

193 **a)** $\{x \in \mathbb{Q} \mid -5 < x < +7\}$

b) $\{x \in \mathbb{Q} \mid -3{,}7 < x < -1{,}2\}$

c) $\left\{x \in \mathbb{Q} \mid 1\frac{3}{4} < x < 5\frac{1}{2}\right\}$

d) $\left\{x \in \mathbb{Q} \mid -5\frac{1}{3} \leqslant x \leqslant +\frac{4}{3}\right\}$

e) $\{x \in \mathbb{Q} \mid -2{,}1 \leqslant x \leqslant +2{,}1\}$

f) $\left\{x \in \mathbb{Q} \mid -\frac{7}{2} \leqslant x \leqslant -\frac{5}{2}\right\}$

194 **a)** $\left\{z \in \mathbb{Q} \mid |z| < 1\frac{1}{2}\right\}$

b) $\left\{z \in \mathbb{Q} \mid |z| \leqslant 7\frac{2}{5}\right\}$

c) $\left\{z \in \mathbb{Q} \mid |z| < \frac{5}{3}\right\}$

d) $\{z \in \mathbb{Q} \mid |z| > 10\}$

e) $\left\{z \in \mathbb{Q} \mid |z| > 1\frac{1}{3}\right\}$

f) $\left\{z \in \mathbb{Q} \mid |z| \geqslant \frac{5}{6}\right\}$

195 **a)** $-2 \leqslant a \leqslant 2$

b) $b < -2\frac{2}{3}$ und $b > 2\frac{2}{3}$

c) $-\frac{5}{6} < c < \frac{5}{6}$

d) $d \leqslant -5{,}6$ und $d \geqslant 5{,}6$

e) $-3\frac{7}{10} \leqslant e \leqslant 3\frac{7}{10}$

196 zB: Einheitsstrecke 4 cm!

a) $+\frac{5}{2}$

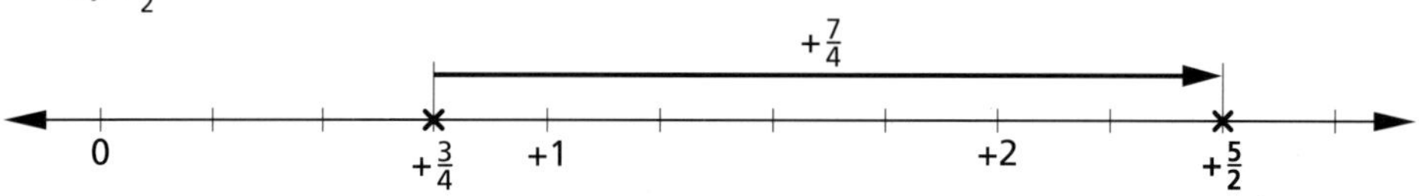

b) -1

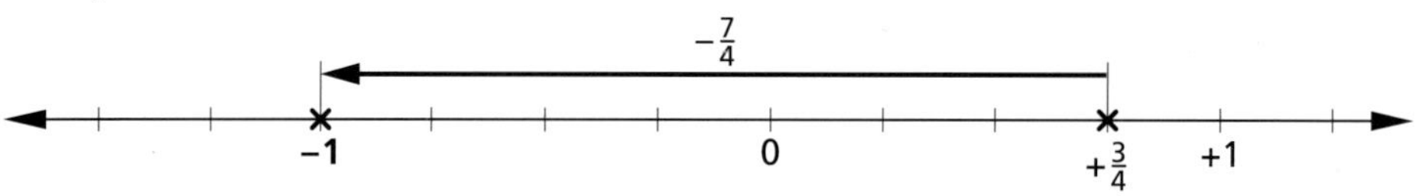

c) -1

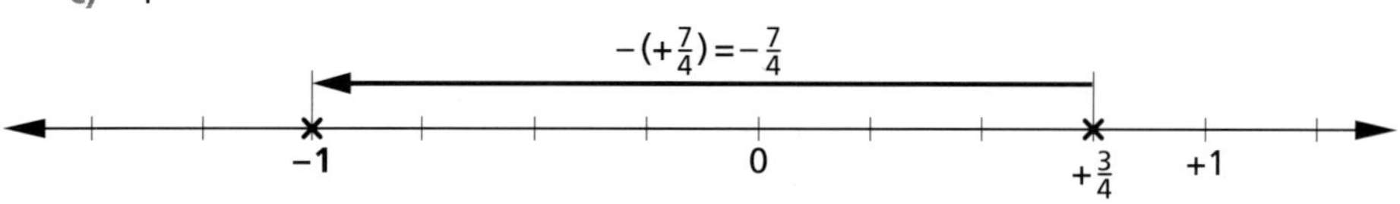

d) $+\frac{5}{2}$

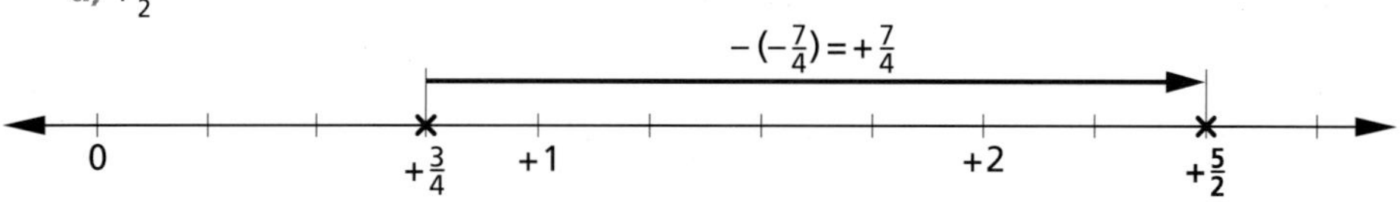

e) $-\frac{5}{2}$

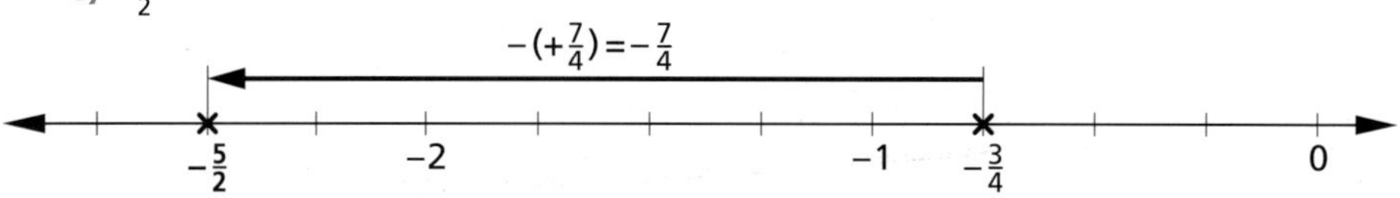

f) $+1$

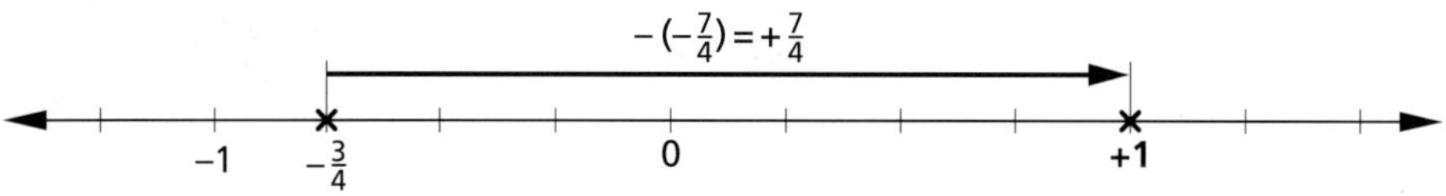

197 a) $+\frac{2}{3}$ b) $-\frac{7}{9}$ c) $+\frac{1}{8}$ d) $+\frac{1}{8}$ e) $+\frac{1}{2}$ f) $-\frac{3}{10}$

198 a) $-\frac{3}{16}$ c) $-\frac{5}{12}$ e) $+1\frac{3}{16}$ g) $+\frac{5}{12}$

b) $+1\frac{7}{16}$ d) $+\frac{9}{10}$ f) $-1\frac{1}{4}$ h) $-\frac{5}{12}$

K **199** a) $+\frac{5}{8}$; Probe: $\left(+\frac{5}{8}\right)+\left(+\frac{1}{8}\right)=+\frac{6}{8}=+\frac{3}{4}$

b) $-1\frac{1}{6}$ c) $-\frac{1}{2}$ d) $+\frac{1}{6}$ e) $-2\frac{1}{10}$ f) $-5\frac{5}{8}$

K **200** Vergiss nicht die Probe!

a) $+\frac{1}{20}$ c) $+\frac{1}{12}$ e) $+\frac{31}{84}$ g) $-\frac{3}{35}$

b) $+\frac{3}{20}$ d) $-\frac{1}{12}$ f) $-\frac{17}{84}$ h) $-\frac{19}{48}$

201 a) +2,54 b) – 7,48 c) +0,67 d) +3,56 e) – 1,75 f) – 4,26

202 a) +96,7 b) – 5,33 c) – 54,9 d) +53,72 e) – 383,5 f) – 74,31

203 a) +3,27 b) +0,928 c) – 21,46 d) +10,8

204 a) – 1 b) $+\frac{1}{10}$ c) $-\frac{4}{5}$ d) $+\frac{1}{2}$

205 a) $-4\frac{71}{90}$ b) $-4\frac{1}{14}$ c) $-3\frac{5}{8}$ d) $+1\frac{31}{40}$

206 a) 1) $-\frac{5}{8}$ 2) $-\frac{5}{8}$ b) 1) $-1\frac{1}{6}$ 2) $-1\frac{1}{6}$

The results are equal. The communative law is to apply.

c) 1) $-1\frac{4}{5}$ 2) $-1\frac{4}{5}$

The results are equal. The associative law is to apply.

207 a) 1) $+2\frac{3}{16}$ 2) $-2\frac{3}{16}$ b) 1) $-\frac{9}{10}$ 2) $+\frac{9}{10}$

Als Ergebnis erhält man eine rationale Zahl und ihre Gegenzahl.

c) 1) $+\frac{1}{2}$ 2) $-4\frac{1}{6}$ d) 1) $+2\frac{31}{42}$ 2) $1\frac{37}{42}$

Die Ergebnisse sind verschieden.

e) 1) $1\frac{9}{20}$ 2) $1\frac{9}{20}$ Die Ergebnisse sind gleich.

f) 1) 1 2) $\frac{8}{9}$ Die Ergebnisse sind verschieden.

208 a) $x=-\frac{2}{7}$ c) $r=-0{,}84$ e) $v=+3\frac{1}{2}$

b) $y=+1{,}7$ d) $u=+\frac{3}{5}$ f) $z=-1\frac{6}{11}$

209 a) $x=+\frac{4}{5}$ c) $u=+1\frac{1}{3}$ e) $z=-6\frac{1}{2}$ g) $b=-\frac{1}{5}$

b) $a=-\frac{1}{3}$ d) $d=-1$ f) $y=+1\frac{1}{2}$ h) $c=+2\frac{1}{4}$

210 a) $-3\frac{1}{24}$ b) um $1\frac{1}{12}$ c) um $2\frac{1}{3}$ d) 1,9

211 a) $\frac{31}{20}$ b) $\frac{19}{6}$ c) 3.25 d) 2.55

212 zB: a) $-\frac{1}{9}$; $-\frac{2}{5}$; $-\frac{3}{2}$ c) – 1,3; $-\frac{2}{5}$; $-1\frac{1}{2}$ e) – 1; – 3,2; $-1\frac{1}{2}$

b) +2; $+\frac{5}{8}$; +3,9 d) – 3,2; $-\frac{1}{8}$; $-\frac{2}{13}$ f) +2; $+\frac{4}{5}$; $+\frac{3}{8}$

213 zB: $+\frac{1}{6}, -\frac{1}{5}, +\frac{2}{3}$

1) $\left(+\frac{1}{6}\right) + \left(-\frac{1}{5}\right) = -\frac{1}{30}$; $\left(+\frac{1}{6}\right) + \left(+\frac{2}{3}\right) = +\frac{5}{6}$; $\left(-\frac{1}{5}\right) + \left(+\frac{2}{3}\right) = +\frac{7}{15}$

Die Addition rationaler Zahlen ergibt wieder eine rationale Zahl.

2) $\left(+\frac{1}{6}\right) - \left(-\frac{1}{5}\right) = +\frac{11}{30}$; $\left(+\frac{1}{6}\right) - \left(+\frac{2}{3}\right) = -\frac{1}{2}$; $\left(-\frac{1}{5}\right) - \left(+\frac{2}{3}\right) = -\frac{13}{15}$

Die Subtraktion rationaler Zahlen ergibt wieder eine rationale Zahl.

214 1) richtig 2) falsch, zB: $\frac{3}{4} \in \mathbb{Q}$, aber $\frac{3}{4} \notin \mathbb{Z}$ 3) richtig

215

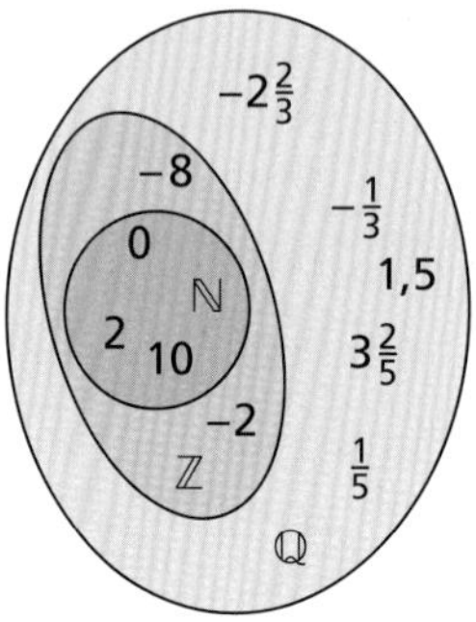

216 a) $+\frac{2}{3}$ b) $+2\frac{1}{4}$ c) $-2\frac{1}{3}$ d) $-2\frac{1}{5}$ e) $+5\frac{1}{4}$ f) 0 g) $-6\frac{1}{4}$ h) $-6\frac{3}{5}$

217 a) $-\frac{21}{22}$ b) -3 c) -4 d) $+\frac{11}{14}$ e) $-2\frac{1}{12}$ f) $-2\frac{3}{5}$ g) $+6$ h) $+10\frac{1}{2}$

218 a) −2,5 b) +6,95 c) −13,7 d) −0,5 e) +3,2 f) −5,9 g) +0,12 h) −0,6

219 a)

	$\cdot\frac{2}{3}$	$\cdot\left(-\frac{1}{2}\right)$
15	10	$-7\frac{1}{2}$
−6	−4	3
$-\frac{2}{3}$	$-\frac{4}{9}$	$\frac{1}{3}$

b)

	$:\left(-\frac{2}{3}\right)$	$:\frac{3}{5}$
−8	12	$-13\frac{1}{3}$
$\frac{7}{3}$	$-3\frac{1}{2}$	$3\frac{8}{9}$
−3	$4\frac{1}{2}$	−5

220 a) 1) $-\frac{7}{12}$; 2) $-\frac{7}{12}$

Die Ergebnisse sind gleich; es ist das Vertauschungsgesetz der Multiplikation gemeint: $a \cdot b = b \cdot a$ mit $a, b \in \mathbb{Q}$.

b) 1) $+\frac{1}{6}$; 2) $+\frac{1}{6}$ c) 1) −7; 2) −7

Die Ergebnisse sind gleich; es ist das Verbindungsgesetz der Multiplikation gemeint: $(a \cdot b) \cdot c = a \cdot (b \cdot c)$ mit $a, b, c \in \mathbb{Q}$.

221 a) 1) $-\frac{3}{4}$; 2) $-\frac{4}{3}$ Die Ergebnisse sind Kehrwerte.

b) 1) −12; 2) $-\frac{64}{147}$ c) 1) $+\frac{2}{5}$; 2) $+\frac{5}{8}$

Die Ergebnisse sind verschieden.

222 a) $-1\frac{1}{2}$ b) 0 c) $+\frac{3}{5}$ d) +0,9 e) +1 f) +6,25

223 zB: a) $+\frac{1}{2}$; 0; $-\frac{2}{3}$ c) +2,1; +1,8; +12 e) −5; −1,3; +1

b) $-\frac{3}{5}$; −1; +0,3 d) 0; −0,6; +25 f) +2,3; +3; +10

224 zB: −0,9; $-\frac{1}{2}$; $+\frac{2}{3}$; +0,11

Das Vorzeichen ist positiv.

225 eg: −1,4; −1; −0,52

The algebraic sign is negative, because

$(-a)\cdot(-b)\cdot(-c) = +(a\cdot b)\cdot(-c) = -(a\cdot b\cdot c)$ with a, b, c $\in \mathbb{Q}^+$.

226 zB: $a = +\frac{1}{3}$; $b = +1{,}9$; $c = -0{,}8$

Das Produkt $a\cdot b\cdot c$ hat negatives Vorzeichen, da

$(+a)\cdot(+b)\cdot(-c) = +(a\cdot b)\cdot(-c) = -(a\cdot b\cdot c)$ mit a, b, c $\in \mathbb{Q}^+$.

227 a) A … richtig

B … falsch, denn nur in $\mathbb{Q}$ sind alle Divisionen (außer durch 0) ausführbar.

b) 1) Addition, Multiplikation

2) Addition, Subtraktion, Multiplikation

3) Addition, Subtraktion, Multiplikation, Division

228 a) 1) $+5\frac{2}{3}$ 2) +11 b) 1) $+\frac{1}{18}$ 2) $-\frac{1}{7}$

Die Ergebnisse sind verschieden.

229 a) $+\frac{1}{10}$; $+\frac{1}{10}$ b) $+1\frac{9}{125}$; $+1\frac{9}{125}$

Die Ergebnisse sind gleich; es sind die Verteilungsgesetze der Multiplikation gemeint:

$(a+b)\cdot c = a\cdot c + b\cdot c$ und $(a-b)\cdot c = a\cdot c - b\cdot c$ mit a, b, c $\in \mathbb{Q}$.

230 a) 1) $-\frac{2}{33}$ 2) $-\frac{2}{33}$ b) 1) $-2\frac{3}{4}$ 2) $-2\frac{3}{4}$

Die Ergebnisse sind gleich.

231 a) $+3\frac{13}{24}$ b) $+11\frac{17}{24}$ c) $-13\frac{23}{24}$ d) $+\frac{2}{3}$

232 a) $-\frac{7}{16}$ b) $-\frac{3}{10}$ c) −2 d) $-\frac{3}{8}$ e) $+\frac{19}{24}$ f) $+1\frac{1}{2}$

K **233** a) $\frac{5}{9}$; Probe: 5 : 9 = 0,555 …; $\frac{7}{9}$; 1; $\frac{4}{33}$; $\frac{211}{333}$

b) $\frac{1}{33}$; $\frac{4}{111}$; $\frac{532}{999}$; $\frac{226}{333}$; $\frac{233}{3333}$

c) $\frac{619}{990}$; $\frac{37}{300}$; $\frac{61}{495}$; $\frac{1}{300}$; $\frac{1801}{4950}$

d) $5\frac{3}{55}$; $1\frac{311}{900}$; $1\frac{19}{55}$; $1\frac{29}{220}$; $2\frac{35}{36}$

234 a) $-1\frac{1}{9} = -1{,}\overline{1}$ b) $-7\frac{28}{45} = -7{,}6\overline{2}$ c) $-4\frac{14}{45} = -4{,}3\overline{1}$

235 a) $-2\frac{10}{99} = -2{,}\overline{10}$ b) $+2\frac{4}{9} = +2{,}\overline{4}$ c) $+6\frac{14}{33} = +6{,}\overline{42}$

236 a) $-1\frac{131}{297} = -1{,}\overline{441077}$ b) $+22\frac{4}{27} = +22{,}\overline{148}$ c) −1 d) $+1\frac{23}{24} = +1{,}958\overline{3}$

237 a) 4,14 c) −9,18 e) 31,8

b) 92,2 d) 92,619 f) −10,4

238 a) 1465 b) −3542 c) 5,7 d) 20,4 e) −20,22 f) −1

239 a) 105 b) −58 c) 612 d) 8 e) −146 f) −168

240
a) $8\frac{6}{7} = 8{,}\overline{857142}$ c) $\frac{19}{20} = 0{,}95$ e) $\frac{2}{3} = 0{,}\overline{6}$
b) $1\frac{3}{5} = 1{,}6$ d) $1\frac{3}{4} = 1{,}75$ f) 2

241
a) 3 c) 5 e) $\frac{1}{3} = 0{,}\overline{3}$
b) $3\frac{3}{4} = 3{,}75$ d) 5 f) $\frac{4}{15} = 0{,}2\overline{6}$

242
a) $\frac{7}{8} = 0{,}875$ c) 2 e) 1 g) $-\frac{589}{2000} = -0{,}2945$
b) $4\frac{1}{4} = 4{,}25$ d) $\frac{1}{2} = 0{,}5$ f) $\frac{2}{7} = 0{,}\overline{285714}$ h) $-\frac{49}{150} = -0{,}3\overline{26}$

243
a) 1. Art: [C] 2 [÷] 12 [=] 0,166 … = $0{,}1\overline{6}$;
2. Art: [C] 2 [÷] [(] 17 [−] 5 [)] [=] 0,166 … = $0{,}1\overline{6}$;
3. Art: [C] 17 [−] 5 [=] [1/x] [×] 2 [=] 0,166 … = $0{,}1\overline{6}$
b) 1. Art: [C] 25 [÷] 24 [=] 1,041 66 … = $1{,}041\overline{6}$;
2. Art: [C] 25 [÷] [(] 4 [×] 6 [)] [=] 1,041 66 … = $1{,}041\overline{6}$;
3. Art: [C] 4 [×] 6 [=] [1/x] [×] 25 [=] 1,041 66 … = $1{,}041\overline{6}$
c) 1. Art: [C] 3 [÷] 32 [=] 0,093 75;
2. Art: [C] 3 [÷] [(] 7 [×] 5 [−] 3 [)] [=] 0,093 75;
3. Art: [C] 7 [×] 5 [−] 3 [=] [1/x] [×] 3 [=] 0,093 75
d) 1. Art: [C] 17 [+] [(] 35 [÷] [(] 22 [−] 18 [)] [)] [=] 25,75;
2. Art: [C] 35 [÷] [(] 22 [−] 18 [)] [+] 17 [=] 25,75;
3. Art: [C] [(] 22 [−] 18 [)] [1/x] [×] 35 [+] 17 [=] 25,75

244
a) $4 - \frac{5}{2}$ c) $\frac{16 - 21}{5}$ e) $\frac{16 - 5 + 7}{3}$
b) $7 + \frac{2}{3} - 1$ d) $16 - 5 + \frac{7}{3}$ f) $\frac{5 + 7}{4} + 3$

245
1) 30 6) 501 11) 25
2) 5555 7) 67,815 12) 13
3) 230 8) 30 13) 960
4) 1200 9) 4 14) 14
5) 10000 10) 40 15) 1000

246
1) 1000 4) 56000 7) 23,7194
2) 100000 5) 127900 8) 801
3) 30 6) 2317,49 9) 4
Man kann das Ergebnis fast „auf den ersten Blick" erkennen. Der Zeitaufwand ist beim Eintippen größer als beim Kopfrechnen, außerdem vermeidet man Tippfehler.

247
1) ich: 7 4) TR: 6721308 7) TR: 3850
2) ich: 7,0001 5) ich: 678,92 8) TR: 4235
3) ich: 20100 6) ich: 19980 9) ich: 35035

248
1) 6 2) 2 3) 1 4) 5 5) 27 6) 1 7) 2000 8) 2 9) 2 10) 10000
Der „Kopfrechner" ist vermutlich wesentlich schneller.

249
$-2; -1\frac{2}{3}; -1\frac{1}{4}; -\frac{1}{2}; -\frac{1}{3}; +\frac{3}{4}; +1\frac{1}{2}$

250
Vergleiche mit der Lösung zu Aufgabe 105!

251 Stefan muss 2017,84 € auf sein Konto einzahlen.

252 1) h (t) = |4t|
2) Vor 10 s war der Aufzug auf 40 m Höhe. In 3 s wird der Aufzug auf 12 m Höhe sein.

253 1) a) 21,3 °C b) 14,5 °C c) 14,5 °C
2) a) 14,7 °C b) 19,6 °C
3) a) 11,65 °C b) $4{,}3\overline{6}$ °C c) $-4{,}0\overline{3}$ °C

254 a) $x = -0{,}5$; Probe: $+2{,}5$ b) $z = 4$; Probe: 10 c) $u = -1$; Probe: $-\frac{1}{2}$

255 a) $\left(-\frac{2}{3}\right) \cdot x = -\frac{4}{9}$ $x = \frac{2}{3}$; Probe: $-\frac{4}{9}$ b) $y : \left(-\frac{2}{3}\right) = 2\frac{1}{4}$ $y = -\frac{3}{2}$; Probe: $2\frac{1}{4}$

256 1) gilt; $\frac{1}{6} = \frac{1}{6}$
2) gilt; $-\frac{1}{3} = -\frac{1}{3}$
3) gilt; $-\frac{2}{3} = -\frac{2}{3}$
4) gilt; $\frac{5}{18} = \frac{5}{18}$
5) gilt; $-\frac{5}{36} = -\frac{5}{36}$ bzw. $\frac{35}{36} = \frac{35}{36}$
6) gilt; $-\frac{1}{5} = -\frac{1}{5}$ bzw. $\frac{7}{5} = \frac{7}{5}$
7) gilt nicht; $-\frac{7}{6} \neq \frac{7}{6}$
8) gilt nicht; $-\frac{3}{4} \neq -\frac{4}{3}$
9) gilt nicht; $-\frac{1}{3} \neq -2$
10) gilt nicht; $\frac{9}{10} \neq \frac{5}{8}$

257 a) $-1\frac{2}{3}$ b) $-\frac{3}{4}$

258 a) $3\frac{81}{100} = 3{,}81$ b) $-1\frac{38}{49} = -1{,}775510\ldots$

259 1) a) $\frac{1}{2}, \frac{3}{4}, \frac{7}{10}, \frac{9}{20}$ b) $\frac{2}{3}, \frac{4}{6}, \frac{3}{7}, \frac{5}{9}, \frac{8}{11}$ c) $\frac{11}{12}, \frac{7}{15}$

2)

2	2	3	3	4	2	6	2	7	7	9	3	10	2	11	11	12	2	15	3	20	2
1		1		2	2	3	3	1		3	3	5	5	1		6	2	5	5	10	2
				1		1				1		1				3	3	1		5	5
																1				1	

3) und 4) Stehen im Nenner nur 2er und/oder 5er, so erhält man eine Dezimalzahl mit endlich vielen Stellen.
Stehen im Nenner keine 2er und keine 5er, so erhält man eine rein periodische Dezimalzahl.
Stehen im Nenner neben 2ern und/oder 5ern auch noch andere Primzahlen, so erhält man eine gemischt periodische Dezimalzahl.

260 bis **271** Siehe Buch Seite 280!

272 a) $[(-4{,}3) + (+1{,}8)] : 0{,}5 = -5$
b) $\left[\left(-2\frac{2}{3}\right) \cdot 1\frac{1}{5}\right] : \frac{4}{5} = -4$
c) $\left[(-3) \cdot \left(-4\frac{3}{4}\right)\right] : \left(2\frac{1}{2} + 2\frac{1}{4}\right) = +3$
d) [(− 1,6) + (− 0,8)] : [0,6) (− 2)] = + 2

273 a) $a \cdot 2 + b$ b) $(a + b) \cdot 2$ c) $(c - d) : 2$ d) $d : 2 - c$

274 a) $x + 14$ b) $-6 - y$ c) $a \cdot b \cdot c$ d) $\frac{u}{v}$

275 a) Subtrahiere das Vierfache einer Zahl von 17.
b) Dividiere das Produkt zweier Zahlen durch ihre Differenz.
c) Multipliziere die Summer aus 3 und einer Zahl mit 5.
d) Addiere zu einer Zahl den Kehrwert der Zahl.
e) Dividiere die Summe einer Zahl und 16 durch 4.
f) Vermindere das Produkt einer Zahl um ihren Quotienten.
g) Multipliziere eine Zahl mit der Summe aus der Zahl und 1 und der Summe aus der Zahl und 2.
h) Dividiere die Summe zweier Zahlen durch ihre Differenz.

276 a) $n - 5$ b) $n + 6$ c) $9n$ d) $\frac{n}{8}$ e) $5n + 4$ f) $6n - 3$ g) $(n + 4) \cdot 3$ h) $(n - 3) \cdot 4$

277
a) 1) 4 2) -8 3) 2,8 4) 1 5) $-1\frac{1}{3}$ 6) $-1\frac{1}{4}$
b) 1) -4 2) 8 3) $-2,8$ 4) -1 5) $1\frac{1}{3}$ 6) $1\frac{1}{4}$

278
a) 1) 8 2) 11 3) -10 4) 6 5) 4 6) -1 7) 3
b) 1) 1 2) -8 3) -5 4) $-\frac{1}{2}$ 5) -7 6) $10\frac{1}{2}$ 7) $-1\frac{1}{2}$
c) 1) 6 2) 7 3) -8 4) $4\frac{1}{3}$ 5) 2 6) $\frac{2}{3}$ 7) 2
d) 1) 8 2) -9 3) -18 4) $3\frac{1}{3}$ 5) -12 6) $21\frac{2}{3}$ 7) -1
e) 1) 6,5 2) 8 3) $-8,5$ 4) 4,75 5) 2,5 6) 0,25 7) 2,25

279 Man muss 3 für y einsetzen.

280

	r	s	$r \cdot (2 \cdot s + 5)$	$r \cdot 2 \cdot s + 5$	$r \cdot 2 + 5 \cdot s$	$s \cdot (2 \cdot r + 5)$
a)	1	2	9	9	12	14
b)	2	-3	-2	-7	-11	-27
c)	$\frac{1}{2}$	$-\frac{1}{2}$	2	$4\frac{1}{2}$	$-1\frac{1}{2}$	-3
d)	3,5	0,5	21	8,5	9,5	6

281 $T_1(-3) = 11$, $T_3(-3) = 11$, $T_4(-3) = 11$, $T_7(-3) = 11$, $T_8(-3) = 11$

282
1) $T(z) = (z + 3) \cdot 4$; $T(2) = 20$, $T(3) = 24$, $T(4) = 28$, $T(5) = 32$
2) $T(21) = 96$, also für $z = 21$

283
1) $T(x) = (x - 4) \cdot (-8)$; $T(9) = -40$; $T(8) = -32$; $T(7) = -24$; $T(6) = -16$
2) $T(-8) = 96$, also für $x = -8$

284
a) [C] x [+] 3 [=] [÷] 2 [=] oder [C] [(] x [+] 3 [)] [÷] 2 [=]
b) [C] 5 [+] x [×] 2 [=] [÷] 3 [=] oder [C] [(] 5 [+] x [×] 2 [)] [÷] 3 [=]
c) [C] x [×] 8 [−] 3 [=] [÷] 5 [=] oder [C] [(] x [×] 8 [−] 3 [)] [÷] 5 [=]
d) [C] x [×] 2 [÷] 3 [−] x [=]
e) [C] x [×] 3 [÷] 2 [−] x [×] 2 [=]

285
a) $T(1) = -29,3$; $T(2) = -24,3$; $T(3) = -19,3$; $T(4) = -14,3$; $T(5) = -9,3$; $T(6) = -4,3$; $T(7) = 0,7$; $T(8) = 5,7$; $T(9) = 10,7$; $T(10) = 15,7$
b) $T(1) = 26,91 \ldots$; $T(2) = 53,82 \ldots$; $T(3) = 80,74 \ldots$; $T(4) = 107,65 \ldots$; $T(5) = 134,56 \ldots$; $T(6) = 161,48 \ldots$; $T(7) = 188,39 \ldots$; $T(8) = 215,31 \ldots$; $T(9) = 242,22 \ldots$; $T(10) = 269,13 \ldots$
c) $T(1) = 2,5$; $T(2) = 5$; $T(3) = 7,5$; $T(4) = 10$; $T(5) = 12,5$; $T(6) = 15$; $T(7) = 17,5$; $T(8) = 20$; $T(9) = 22,5$; $T(10) = 25$
d) $T(1) = 1,97 \ldots$; $T(2) = 3,22 \ldots$; $T(3) = 4,48 \ldots$; $T(4) = 5,74 \ldots$; $T(5) = 7$; $T(6) = 8,25 \ldots$; $T(7) = 9,51 \ldots$; $T(8) = 10,77 \ldots$; $T(9) = 12,02 \ldots$; $T(10) = 13,28 \ldots$

286 Die Division durch 0 ist ausgeschlossen.
a) 1) $x \neq 2$ 2) $y \neq 3$ 3) $z \neq -2$ 4) $u \neq -1$ 5) $v \neq 0$
b) 1) $x \neq -1$ 2) $y \neq 1$ 3) $z \neq 0$ 4) $u \neq \frac{3}{2}$ 5) $v \neq -2$
c) 1) $x \neq 0$ 2) $y \neq -4$ 3) $z \neq 0$ 4) $u \neq 1$ 5) $t \neq \frac{4}{3}$

287 a) 7, 9, 11, 13, 15, 17, 19, 21, 23, 25
zB: Das jeweils nächste Folgenglied ist um 2 größer.
b) 1) 35 2) 105 3) 205
c) 1) das 8. Glied 2) das 20. Glied 3) das 35. Glied

288 a) 3, 9, 15, 21, 27, 33, 39, 45, 51, 57
zB: Das jeweils nächste Folgenglied ist um 6 größer.
b) 99, 98, 97, 96, 95, 94, 93, 92, 91, 90
zB: Das jeweils nächste Folgenglied ist um 1 kleiner.
c) 15, 18, 21, 24, 27, 30, 33, 36, 39, 42
zB: Das jeweils nächste Folgenglied ist um 3 größer.
d) –9, –6, –3, 0, 3, 6, 9, 12, 15, 18
zB: Das jeweils nächste Folgenglied ist um 3 größer.
e) 7, 8, 9, 10, 11, 12, 13, 14, 15, 16
zB: Das jeweils nächste Folgenglied ist um 1 größer.
f) 9, 15, 21, 27, 33, 39, 45, 51, 57, 63
zB: Das jeweils nächste Folgenglied ist um 6 größer.

289 a) 18, 23, 28 (plus 5) d) 27, –81, 243 (mal –3) g) 121, 364, 1093 (plus 3^n)
b) 3, –1, –5 (minus 4) e) 320, 1280, 5120 (mal 4) h) 2662, 29282, 322102 (mal 11)
c) 216, 1296, 7776 (mal 6) f) $-\frac{25}{4}, \frac{25}{16}, -\frac{25}{64}$ (durch –4)

290 a) $a \cdot b = b \cdot a$ mit $a, b \in \mathbb{Z}$.
Beim Multiplizieren von ganzen Zahlen ändert sich der Wert des Produkts nicht, wenn man die Faktoren vertauscht.
b) $(a + b) \cdot c = a \cdot c + b \cdot c$ mit $a, b, c \in \mathbb{Z}$.
Man erhält dasselbe Ergebnis, wenn man die Summe mit einer Zahl multipliziert oder jeden Summanden mit dieser Zahl multipliziert und dann addiert.
c) $(a + b) + c = a + (b + c)$ mit $a, b, c \in \mathbb{Z}$.
Verbindet man bei der Addition von ganzen Zahlen in einer Summe die Summanden beliebig zu Teilsummen, so ändert sich der Wert der Summe nicht.
d) $\frac{a}{b} : \frac{c}{d} = \frac{a}{b} \cdot \frac{d}{c}$ mit $a, b, c, d \in \mathbb{Z}$; $b, c, d \neq 0$.
Ein Bruch wird durch einen Bruch dividiert, indem man mit dem Kehrwert des Divisors multipliziert.
e) $\frac{a}{b} = \frac{a \cdot c}{b \cdot c}$ mit $a, b, c \in \mathbb{Z}$; $b, c \neq 0$.
Multipliziert man Zähler und Nenner mit derselben Zahl ($\neq 0$), so ändert sich der Wert des Bruchs nicht.

291 a) $x + 35 = 73$; $x = 38$ b) $\frac{w}{2} - 84 = 11$; $w = 190$

292 zB: a) Beispiel 1: Addiert man zur Zahl a die Zahl 200, so erhält man 1225.
Beispiel 2: Legt man auf ein Sparbuch mit dem Guthaben a noch 200 €, so beträgt das neue Kapital 1225 €. Wie groß war das ursprüngliche Guthaben?
Lösung: a = 1025
b) Beispiel 1: 1800 € sollen auf 12 Personen zu gleichen Teilen aufgeteilt werden. Wie viel € erhält jede Person?
Beispiel 2: Multipliziert man die Zahl a mit 12, so ergibt sich 1800.
Lösung: a = 150

292 zB: c) Beispiel 1: Subtrahiert man vom Doppelten einer Zahl a die Zahl 400, so ergibt sich 12 000.
Beispiel 2: Eine Kreuzfahrt für 2 Personen kostete nach Abzug von 400 € Rabatt 12 000 €. Wie viel € waren pro Person ursprünglich zu bezahlen?
Lösung: $a = 6200$

293 a) $r + 1$ b) $r + 2$ c) $r + 19$ d) $r + s$

294 a) $2 \cdot s$ b) $3 \cdot s$ c) $n \cdot s$ d) $\frac{s}{2}$ e) $\frac{s}{5}$

295 a) $q + p$ b) $q + 2 \cdot p$ c) $q + 16 \cdot p$ d) $q + n \cdot p$

296 a) $Z \cdot 10 + E$ b) $H \cdot 100 + Z \cdot 10 + E$

297 a) $a + b = 21$ b) $x - y = 15$

298 a) $s = z + 11$; zB: 23 Schafe, 12 Ziegen
c) $s = \frac{z}{2}$; zB: 13 Schafe, 26 Ziegen
b) $s = z - 8$; zB: 6 Schafe, 14 Ziegen
d) $s = 3 \cdot z$; zB: 18 Schafe, 6 Ziegen

299 $w = c + 20$

300 a) Die Anzahl der Buben und Mädchen ist gleich.
b) Die Anzahl der Mädchen ist dreimal so groß wie die Anzahl der Buben.
c) Die Anzahl der Buben ist um 1 größer als die Anzahl der Mädchen.
d) Die Anzahl der Mädchen ist um 2 kleiner als die Anzahl der Buben.
e) Die Anzahl der Mädchen ist halb so groß wie die Anzahl der Buben. (b muss eine gerade Zahl sein.)
f) Die Anzahl der Buben ist um 1 kleiner als die Hälfte der Anzahl der Mädchen. (m muss eine gerade Zahl sein.)

301 a) Es gibt viermal soviele Schüler wie Lehrer.
b) Der Hund ist um 2 kg schwerer als die Katze.
c) 10 Äpfel kosten dasselbe wie 2 Melonen.
d) Dagmar wiegt ein Drittel von Christian.
e) Der Kinoeintritt ist um 5 € teurer als der halbe Zirkuseintritt.

302 a) Die Gesamtmenge an verkauften Zwiebeln und Erdäpfel.
b) $E = y \cdot b$
c) Die Gesamteinnahmen aus dem Verkauf.

303 $5 \cdot x + 150 = 330$; 36 €

304 a) $P = b + n \cdot f$ b) 1) 134 € 2) 225 € 3) 386 €

305 a) $P = B - B \cdot \frac{p}{100}$ b) 504,40 €

306 a) 1) $l = 6 \cdot a$ 2) $l = 51$ cm
b) 1) $l = 16 \cdot a$ 2) $l = 136$ cm
c) 1) $l = 18 \cdot a$ 2) $l = 153$ cm

307 a) $p = 6a$ b) $p = 2x + 10$ c) $p = a + b + c$

308 a) 1) $U = 8 \cdot u + 14 \cdot v$ 2) $A = 10 \cdot u \cdot v$
b) 1) $U = 20 \cdot x$ 2) $A = 9 \cdot x \cdot x$
c) 1) $U = 18 \cdot y$ 2) $A = 8 \cdot y \cdot y$

309 a) 1) $U = 8 \cdot a$ 2) $A = 3 \cdot a \cdot a$ 3) $U = 400$ m; $A = 7500$ m^2
b) 1) $U = 8 \cdot x + 2 \cdot y$ 2) $A = 3 \cdot x \cdot y - x \cdot x$ 3) $U = 246$ m; $A = 1826$ m^2
c) 1) $U = 4 \cdot u + 4 \cdot v$ 2) $A = u \cdot u - v \cdot v$ 3) $U = 516$ m; $A = 5547$ m^2

310 a) $V = (10 - 2x) \cdot (18 - 2x) \cdot x$
b) zB: $x = 2$; $V = 168$ cm^3 $>$ $x = 4$; $V = 80$ cm^3
c) $x < 5$
d) $O = (10 - 2x) \cdot (18 - 2x) + 2x\,[(18 - 2x) + (10 - 2x)]$

311

L	1	2	3	4	5	6	7	8
N	8	10	12	14	16	18	20	22

$N = 2 \cdot (3 + L)$

312 1) zB: $17 + 18 + 19 = 54$; $54 : 3 = 18$
2) $n + (n + 1) + (n + 2) = 3 \cdot n + 3$; $3 \cdot n + 3$ ist stets durch 3 teilbar.

313 1) zB: $3 + 4 + 5 + 6 + 7 + 8 + 9 = 42$; $42 : 7 = 6$
2) $n + (n + 1) + \ldots + (n + 6) = 7 \cdot n + 21$; $7 \cdot n + 21$ ist stets durch 7 teilbar.

314 1) zB: $z = 11$; $10 + 11 + 12 = 33$; $33 : 3 = 11$
2) $(z - 1) + z + (z + 1) = 3 \cdot z$; $(3 \cdot z) : 3 = z$

315 1) zB: $x = 37$; $36 + 38 = 74$; $74 : 2 = 37$
2) $(x - 1) + (x + 1) = 2 \cdot x$; $2 \cdot x$ ist stets durch 2 teilbar.

316 a) $2c + 3f$ d) s g) 4
b) $4s + t$ e) x h) $7 - 2s$
c) $2a + 3b$ f) $3u$ i) 1

317 a) $9b$ b) $9q$ c) $5n$ d) $12m$ e) x f) 0

318 a) 0 b) $-2{,}16x$ c) $3{,}3v$ d) $-4{,}2y$ e) $4{,}8z$ f) $-7{,}7s$

319 a) $k - 3$ c) $3x - 4y$ e) $13h - 8$
b) $-m + 9$ d) $-7s$ f) $-6e + 3f$

320 a) $\frac{19}{12}b$ c) $-\frac{2}{15}x$ e) $-\frac{1}{12}u$ g) $\frac{3}{8}b$
b) $-\frac{5}{6}v$ d) $\frac{1}{8}a$ f) $-\frac{31}{20}y$ h) $\frac{11}{14}z$

321 a) $\frac{13}{5}z$ b) $\frac{7}{4}t$ c) $-\frac{3}{4}e$ d) $-\frac{7}{3}f$

322 a) $\frac{5}{6}u$ b) $\frac{5}{6}v$ c) $\frac{2}{5}x$ d) $-\frac{3}{8}y$

323 a) $\frac{13}{15}m - 10$ b) $\frac{n}{2} + 4$ c) $\frac{p}{2} - 4$

324 a) $\frac{10}{3}k$ b) $-\frac{x}{2}$ c) $-\frac{3}{14}b$ d) $2d$

325 a) $x \cdot 4 + 2 \cdot x - x + 1 = 5x + 1$
b) $\frac{x}{5} - 3 + 4 \cdot x + 3 = \frac{21}{5}x$
c) zB: „Denke dir eine Zahl, multipliziere sie mit 5, subtrahiere das Drittel der Zahl und addiere sodann 11!“ $x \cdot 5 - \frac{x}{3} + 11 = \frac{14}{15}x + 11$

326 a) $23p + 15$; Probe: 61 b) $16q + 19$; Probe: 67

327 a) $11n + 16p + 11x$; Probe: 93 b) $15r + 15s + 9t$; Probe: 72

328
a) $3a + 2$; Probe: 11
b) $a - 2$; Probe: 1
c) $-a + 2$; Probe: -1
d) $-3a + 2$; Probe: -7
e) $-a + 4$; Probe: 1
f) $a - 4$; Probe: -1
g) $-2a - 3$; Probe: -9
h) $-4a - 3$; Probe: -15

329
a) $a + 5b$; Probe: 19
b) $-5a - b$; Probe: -23
c) $2a + 5b$; Probe: 23
d) $-a - 5b$; Probe: -19
e) $2a - b$; Probe: 5
f) $-2a + b$; Probe: -5

330
a) $\frac{3r}{8} - \frac{11s}{4}$; Probe: -8
b) $\frac{3r}{8} + \frac{11s}{4}$; Probe: 14
c) $-\frac{3r}{8} + \frac{11s}{4}$; Probe: 8
d) $-\frac{3r}{8} - \frac{11s}{4}$; Probe: -14
e) $\frac{3r}{8} + \frac{5s}{4}$; Probe: 8
f) $-\frac{13r}{8} + \frac{5s}{4}$; Probe: -8

331
a) $6x + 4y - 10$; Probe: 16
b) $5x - 8y + 15$; Probe: 14
c) $-2x - y$; Probe: -8
d) $5y + 2$; Probe: 12
e) $2x$; Probe: 6
f) $-2y - 2$; Probe: -6

332
a) $2a - 4b$; Probe: -2
b) $8a - 4b$; Probe: 16
c) $-3a - 3b$; Probe: -15
d) $-a + 5b$; Probe: 7
e) $-3a - 3b$; Probe: -15
f) $-a - 5b$; Probe: -13

333
a) $2x - 5y - 2z$; Probe: -13
b) $2x - y$; Probe: 1
c) $12x - 5y$; Probe: 9
d) $2x - y$; Probe: 1
e) $12x - 5y$; Probe: 9
f) $2x - y + 2z$; Probe: 3
g) $2x - y + 2z$; Probe: 3
h) $2x - 5y + 2z$; Probe: -9

334
a) $-\frac{u}{6} + \frac{13v}{8}$; Probe: 12
b) $-\frac{u}{6} - \frac{v}{8}$; Probe: -2
c) $\frac{3u}{2} + \frac{v}{8}$; Probe: 10

335
a) $x = 2R + 2r$
b) $x = R - r$
c) $x = p + 2q$

336
1) Beispiel 1: $75 + (7 - 5) = 75 + 2 = 77 = 7 \cdot 11$
Beispiel 2: $47 + (4 - 7) = 47 + (-3) = 44 = 4 \cdot 11$
2) $10\,Z + E + (Z - E) = 11\,Z$

337
a) $1 < 1{,}5^2 < 4$
b) $4 < 2{,}37^2 < 9$
c) $25 < 5{,}18^2 < 36$
d) $0 < 0{,}347^2 < 1$
e) $841 < 29{,}6^2 < 900$
f) $4 < (-2{,}28)^2 < 9$
g) $100 < (-10{,}97)^2 < 121$

338
a) 2,25
b) 5,6169
c) 26,8324
d) 0,120409
e) 876,16
f) 5,1984
g) 120,3409

339
a) 390625
b) 33554432
c) 8365,427
d) 41781923
e) 1,557504
f) 0,0256
g) – 16,194277

340
a) 4, 5, 8, 10, 13, 15, 20
b) 2, 3, 4, 5, 10

341
a) 1) $7 < a < 8$ 2) $7{,}4 < a < 7{,}5$ 3) $7{,}41 < a < 7{,}42$
b) 1) $11 < a < 12$ 2) $11{,}2 < a < 11{,}3$ 3) $11{,}26 < a < 11{,}27$
c) 1) $23 < a < 24$ 2) $23{,}4 < a < 23{,}5$ 3) $23{,}43 < a < 23{,}44$
d) 1) $37 < a < 38$ 2) $37{,}1 < a < 37{,}2$ 3) $37{,}12 < a < 37{,}13$
e) 1) $104 < a < 105$ 2) $104{,}8 < a < 104{,}9$ 3) $104{,}88 < a < 104{,}89$

342 a) $11^3 \cdot 13^4$ b) $(-8)^5 \cdot 7^4$ c) $(-1)^5 \cdot 5^4$ d) $e^4 \cdot f^6$ e) $r^5 \cdot s^5 \cdot t^4$ f) $3^4 \cdot 5^2 \cdot r^2 \cdot s^3$

343 a) 256 b) 243 c) 625 d) 4096 e) 1296 f) 100000000 g) 2401 h) 6561

344 a) $\frac{1}{4}; \frac{1}{8}; \frac{1}{16}$ b) $\frac{1}{9}; \frac{1}{16}; \frac{1}{25}$ c) 0,01; 0,001; 0,0001 d) 0,04; 0,008; 0,0016

345 a) 1 b) 0 c) +1; −1; +1; −1

346 a) +36; −216; +1296 b) −0,001; −0,008; −0,027 c) −27; −64; −125 d) $+\frac{1}{4}; -\frac{1}{8}; +\frac{1}{16}$ e) $-\frac{8}{27}; +\frac{16}{81}; -\frac{32}{243}$ f) $-\frac{1}{64}; -\frac{27}{64}; -\frac{125}{64}$

347

k	0	1	−1	2	−2	3	−3	4	−4
$k \cdot 2$	0	2	−2	4	−4	6	−6	8	−8
k^2	0	1	1	4	4	9	9	16	16

348

c	0	1	−1	2	−2	3	−3
$c \cdot 3$	0	3	−3	6	−6	9	−9
c^3	0	1	−1	8	−8	27	−27

349 a) $2^3 \cdot 3$ b) $2^2 \cdot 3^2$ c) $2^2 \cdot 3^3$ d) 2^5 e) $2^4 \cdot 3$ f) $2^5 \cdot 3$ g) $2^4 \cdot 3^2$ h) $2^5 \cdot 3^2$ i) $2^2 \cdot 3 \cdot 5 \cdot 7$ j) $2^3 \cdot 7^2$ k) $3^2 \cdot 5^2 \cdot 7$ l) $2^3 \cdot 3^2 \cdot 5^2$ m) $2^{10} \cdot 3$ n) $2^3 \cdot 3^2 \cdot 5 \cdot 11$

350 1) Der Flächeninhalt des Quadrats mit der Seitenlänge a ist doppelt so groß wie der Flächeninhalt des Quadrats mit der Seitenlänge b.
Begründung: Das große Quadrat besteht aus 8 kongruenten Dreiecken, das kleine Quadrat aus 4 solchen Dreiecken.
2) 18 cm^2 3) 14 cm < a < 15 cm

351 a) $4^2 = 1 + 3 + 5 + 7$
$5^2 = 1 + 3 + 5 + 7 + 9$
$6^2 = 1 + 3 + 5 + 7 + 9 + 11$
b) 14^2 is equal to the sum of the first 14 odd numbers.

352 a) 1) 9 m 2) 9 m 3) 18 m
b) 1) 12 m 2) 16 m 3) 28 m
c) 1) 15 m 2) 25 m 3) 40 m
d) 1) 24 m 2) 64 m 3) 88 m
e) 1) 30 m 2) 100 m 3) 130 m
f) 1) 39 m 2) 169 m 3) 208 m

K **353** 1) 18 m ≙ 0,9 cm 2) 40 m ≙ 2 cm 3) 54 m ≙ 2,7 cm 4) 88 m ≙ 4,4 cm 5) 130 m ≙ 6,5 cm 6) 154 m ≙ 7,7 cm 7) 180 m ≙ 9 cm 8) 208 m ≙ 10,4 cm

354 zB: a)

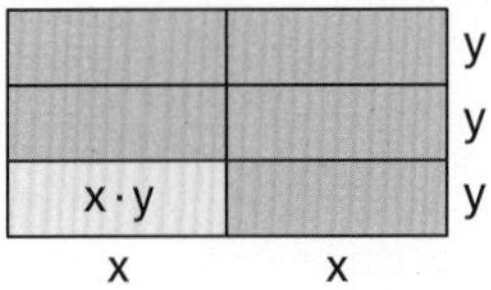

b)

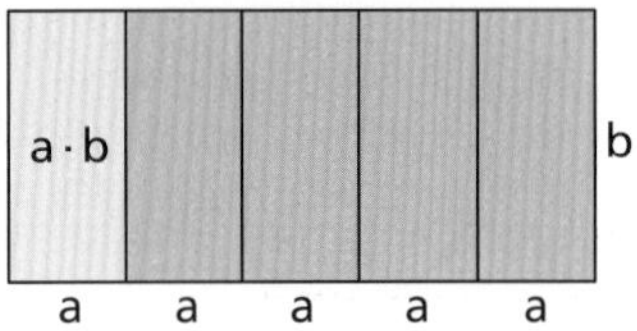

c)

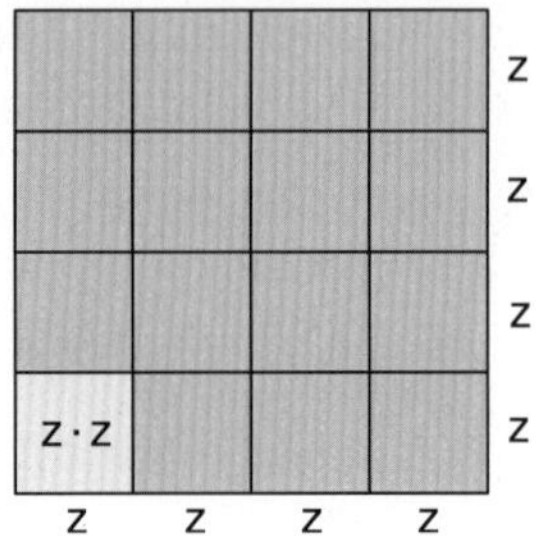

d)

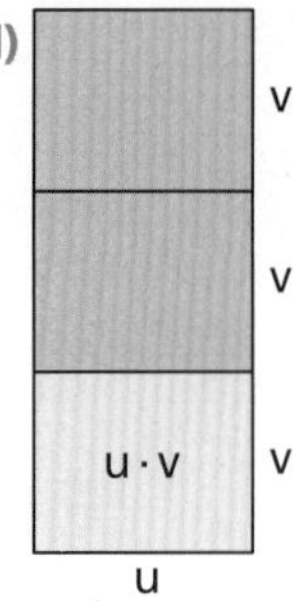

355 a) 8rs b) 27vw c) 84pq d) 60rs

356 a) $7k^2$ b) $11n^2$ c) $12r^3$ d) $27t^3$

357 a) $3u^3$ b) $16v^3$ c) $31w^3$ d) $30x^3$

358 a) 12 b) 60 c) – 4 d) 30 e) 3 f) 263 g) 23 h) 288

359 a) 49 b) 81 c) 229 d) 361 e) 729 f) 81 g) 243 h) 729

360 a) 5 b) 8 c) 4 d) 25 e) 16 f) 8 g) 35 h) 17

361 a) 0 b) 0 c) 16 d) 0 e) – 16 f) – 50 g) 0 h) 50

362 a) 625 b) 64 c) 9 d) $\frac{1}{4}$ e) $\frac{1}{823\,543}$ f) 1 g) 16 h) $\frac{1}{25}$ i) 1 j) 10

363 a) 1 b) – 1 c) $-\frac{1}{2}$ d) – 2

364 a) x^2y^2 b) $x^2y^2z^2$ c) $x^3y^3z^3$ d) $4x^2y^2$ e) $8x^3y^3$ f) $16x^4y^4$ g) $-27x^3y^3$ h) $-x^3y^3z^3$

365

a) $x^5 \cdot x^3 = (x \cdot x \cdot x \cdot x \cdot x) \cdot (x \cdot x \cdot x) = x \cdot x \cdot x \cdot x \cdot x \cdot x \cdot x \cdot x = x^8$

b) $(x \cdot y)^5 = (x \cdot y) \cdot (x \cdot y) \cdot (x \cdot y) \cdot (x \cdot y) \cdot (x \cdot y) = x \cdot y \cdot x \cdot y \cdot x \cdot y \cdot x \cdot y \cdot x \cdot y =$
$= (x \cdot x \cdot x \cdot x \cdot x) \cdot (y \cdot y \cdot y \cdot y \cdot y) = x^5 \cdot y^5$

c) $\frac{x^{10}}{x^6} = \frac{x \cdot x \cdot x \cdot x \cdot \cancel{x} \cdot \cancel{x} \cdot \cancel{x} \cdot \cancel{x} \cdot \cancel{x} \cdot \cancel{x}}{\cancel{x} \cdot \cancel{x} \cdot \cancel{x} \cdot \cancel{x} \cdot \cancel{x} \cdot \cancel{x}} = x^4$

d) $\left(\frac{x}{y}\right)^5 = \frac{x}{y} \cdot \frac{x}{y} \cdot \frac{x}{y} \cdot \frac{x}{y} \cdot \frac{x}{y} = \frac{x \cdot x \cdot x \cdot x \cdot x}{y \cdot y \cdot y \cdot y \cdot y} = \frac{x^5}{y^5}$

e) $\frac{x^8}{x^3} = \frac{x \cdot x \cdot x \cdot x \cdot x \cdot \cancel{x} \cdot \cancel{x} \cdot \cancel{x}}{\cancel{x} \cdot \cancel{x} \cdot \cancel{x}} = x^5$

f) $\frac{x^2}{x^5} = \frac{\cancel{x} \cdot \cancel{x}}{x \cdot x \cdot x \cdot \cancel{x} \cdot \cancel{x}} = \frac{1}{x \cdot x \cdot x} = \frac{1}{x^3}$

g) $(x \cdot y^2)^2 = (x \cdot y^2) \cdot (x \cdot y^2) = x \cdot y \cdot y \cdot x \cdot y \cdot y = (x \cdot x) \cdot (y \cdot y \cdot y \cdot y) = x^2 \cdot y^4$

h) $\left(\frac{x^2 \cdot y}{x \cdot y^3}\right)^2 = \frac{x^2 \cdot y}{x \cdot y^3} \cdot \frac{x^2 \cdot y}{x \cdot y^3} = \frac{x \cdot x \cdot y \cdot x \cdot x \cdot y}{x \cdot y \cdot y \cdot y \cdot x \cdot y \cdot y \cdot y} = \frac{\cancel{x} \cdot \cancel{x} \cdot x \cdot x \cdot \cancel{y} \cdot \cancel{y}}{\cancel{x} \cdot \cancel{x} \cdot \cancel{y} \cdot \cancel{y} \cdot y \cdot y \cdot y \cdot y} = \frac{x \cdot x}{y \cdot y \cdot y \cdot y} = \frac{x^2}{y^4}$

366 a) 1) $(-a)^3 = (-a) \cdot (-a) \cdot (-a) = (-1) \cdot a \cdot (-1) \cdot a \cdot (-1) \cdot a =$

$= (-1) \cdot (-1) \cdot (-1) \cdot a \cdot a \cdot a = (-1)^3 \cdot a^3 = (-1) \cdot a^3 = -a^3$

2) $$(-a)^{10} = \underbrace{(-a) \cdot (-a) \cdot \ldots \cdot (-a)}_{\text{10-mal}} = \underbrace{(-1) \cdot a \cdot (-1) \cdot a \cdot \ldots \cdot (-1) \cdot a}_{\text{10-mal}} =$$

$$= \underbrace{(-1) \cdot (-1) \cdot \ldots \cdot (-1)}_{\text{10-mal}} \cdot \underbrace{a \cdot a \cdot \ldots \cdot a}_{\text{10-mal}} = (-1)^{10} \cdot a^{10} = (+1) \cdot a^{10} = +a^{10}$$

b) $$(-a)^n = \underbrace{(-a) \cdot (-a) \cdot \ldots \cdot (-a)}_{\text{n-mal}} = \underbrace{(-1) \cdot a \cdot (-1) \cdot a \cdot \ldots \cdot (-1) \cdot a}_{\text{n-mal}} =$$

$$= \underbrace{(-1) \cdot (-1) \cdot \ldots \cdot (-1)}_{\text{n-mal}} \cdot \underbrace{a \cdot a \cdot \ldots \cdot a}_{\text{n-mal}} = (-1)^n \cdot a^n$$

Für gerade n ist $(-a)^n$ positiv, für ungerade n ist $(-a)^n$ negativ.

367

c	0	1	−1	2	−2	3	−3
$2c^2$	0	2	2	8	8	18	18
$(2c)^2$	0	4	4	16	16	36	36

368 a) 343; 91; Differenz: 252
b) 3 375; 855; Differenz: 2 520
c) 1; 0,25; Differenz: 0,75

369 The sum of the squares of 5 and 6 is smaller than the square of the sum of 5 and 6. (61; 121)

370 1) $225 = 15^2$ 2) $441 = 21^2$ 3) $3025 = 55^2$

371 a) $2s^2$ b) $6t^3$ c) $14u^4$ d) $30s^2$ e) $68t^3$ f) $84u^4$ g) $-120v^3$ h) $-30z^5$

372 a) $6e^3f$ b) $15f^3g^2$ c) $14g^3h^4$ d) $16h^5k^3$ e) $64t^4u^4$ f) $84u^4v^5$ g) $36v^4w^3$ h) $75w^6z^5$

373 a) $36i^4$ b) $25z^4$ c) $400j^4$ d) $441k^4$ e) $256k^4$ f) $576n^4$ g) $1521m^4$ h) $3600p^4$

374 a) $4p^3q^3$ b) $27p^3r^4$ c) $100t^3u^4$ d) $32u^4v^5$ e) $25x^4y^7$ f) $90y^6z^4$ g) $64a^6b^4$ h) $225b^6c^6$

375 a) e^2f^2 b) e^4f^2 c) e^4f^4 d) e^2f^4 e) e^6f^4 f) e^8f^4

376 a) a^4; $(a \neq 0)$ b) $2a$; $(a \neq 0)$ c) 32; $(a \neq 0)$ d) $\frac{1}{9}$; $(a \neq 0)$ e) $\frac{1}{5}$; $(a \neq 0)$

377 a) x^2; $(y \neq 0)$ b) $5w$; $(v \neq 0, w \neq 0)$ c) uz^2; $(u \neq 0)$ d) $\frac{r}{s}$; $(s \neq 0)$ e) $\frac{u}{2v}$; $(u \neq 0, v \neq 0)$

378 a) 3; $(a \neq 0)$ b) $4a^2$ c) $\frac{3}{7}$; $(a \neq 0)$ d) $\frac{a}{2b}$; $(b \neq 0)$ e) $\frac{y}{4}$; $(x \neq 0)$

379 a) $\frac{y^3}{2}$; $(y \neq 0)$ d) $\frac{v^2}{2}$; $(v \neq 0)$ f) $\frac{1}{3x}$; $(x \neq 0)$
b) $\frac{z^2}{9}$; $(z \neq 0)$ e) 2; $(z \neq 0)$ g) $\frac{b}{2}$; $(a \neq 0, b \neq 0)$
c) $\frac{u^2}{2}$; $(u \neq 0)$

380 a) $3x^2 + 4x + 3$; Probe: 42 d) $a^2 + 2ab$; Probe: 15
b) $x^3 + x^2 + 6x + 1$; Probe: 55 e) $2a^2$; Probe: 18
c) $7x^3 + 6x^2 + 3x + 6$; Probe: 258 f) $3a^2 + ab - 3b^2 + b$; Probe: 28

381 a) 1; Probe: 1 b) $-3a^2 + 2$; Probe: -10
1; Probe: 1 $2a^4 - a^2$; Probe: 28
1; Probe: 1 $2a^4 - 3a^2$; Probe: 20
$2a - 1$; Probe: 3 $-a^2 - 2$; Probe: -6

K **382** Löse die Klammern auf, beachte dabei die Vorzeichenregeln!

383 a) $72a^2 + 15a - 10$ b) $8a^2 - 5a - 10$ c) $2a^2 - \frac{5a}{2} - 10$

384 a) $40a^3 - 8a^2 + 6a + 8$ b) $-40a^3 - 8a^2 - 6a + 8$ c) $-\frac{5a^3}{8} - \frac{a^2}{2} - \frac{3a}{2} + 8$

385 a) $500a^3 + 125a^2 - 40a + 15$ b) $-108a^3 + 45a^2 + 24a + 15$ c) $-\frac{a^3}{16} + \frac{5a^2}{16} + 2a + 15$

386 a) $5 \cdot 3^3 = 135$ c) $(2 + 3)^3 = 125$
b) $(4 \cdot 3)^2 = 144$ d) $6^2 - 4^2 = 20$

387 1) $O = 6a^2$; $V = a^3$
2) $O = 24a^2$; $V = 8a^3$
3) $O = 6 \cdot (10a)^2 = 600a^2$; $V = (10a)^3 = 1\,000a^3$

388 Der neue Quader hat 75 % des Volumens des ursprünglichen Quaders.

389 a) $b = 7y$ b) $a = 3d$ c) $b = 4r$ d) $a = 7z$ e) $b = 6q$

390 a) 10^2; 10^3; 10^6 b) 10^1; 10^5; 10^9 c) 10^4; 10^8

391 a) $\frac{1}{10^2}$ b) $\frac{1}{10^4}$ c) $\frac{1}{10^6}$ d) $\frac{1}{10^7}$ e) $\frac{1}{10^{10}}$

392 a) $3 \cdot 10^2$ c) $41 \cdot 10^4$ e) $8 \cdot 10^5$
b) $5 \cdot 10^3$ d) $23 \cdot 10^6$ f) $7 \cdot 10^7$

393 a) 7 000 000 c) 57 800 e) 25 000 000 000
b) 120 000 d) 40 000 000 000 f) 12 500 000

394 a) $5 \cdot 10^3$ m c) $3 \cdot 10^3$ g e) $1 \cdot 10^7$ m² g) $2 \cdot 10^3$ dm³
b) $372 \cdot 10^2$ m d) $25 \cdot 10^2$ g f) $5 \cdot 10^5$ m² h) $5 \cdot 10^6$ cm³

395 a) 400 e) 25 000 000 h) 400 000 000
b) 64 000 f) 125 000 000 000 i) 27 000 000 000
c) 90 000 g) 8 000 000 j) 8 000 000 000 000
d) 343 000 000

396 a) 5 234 c) 10 001 e) 5 307 000
b) 1 074 000 d) 500 090 f) 9 080 000 000

397 a) $8{,}4 \cdot 10^5$ b) $2{,}7 \cdot 10^4$ c) $3{,}78 \cdot 10^6$ d) $4{,}37 \cdot 10^7$ e) $5{,}609 \cdot 10^8$

398 a) 720 b) 13 200 c) 80 700 000 d) 5 400 000 e) 30 000

399 a) 10^3 b) 10^6 c) 10^5 d) 10^7 e) 10^8 f) 10^4

400 a) $5 \cdot 10^8 = 500\,000\,000$ b) $21 \cdot 10^5 = 2\,100\,000$ c) $8 \cdot 10^5 = 800\,000$

401 a) $14 \cdot 10^6 = 14\,000\,000$ b) $16{,}2 \cdot 10^7 = 162\,000\,000$ c) $2{,}8 \cdot 10^8 = 280\,000\,000$

402 a) $45 \cdot 10^7 = 450\,000\,000$ b) $18 \cdot 10^8 = 1\,800\,000\,000$ c) $15{,}2 \cdot 10^4 = 152\,000$

403 a) $48 \cdot 10^5$ c) $6 \cdot 10^7$ e) $42 \cdot 10^6$
b) $2 \cdot 10^7$ d) $6 \cdot 10^7$ f) $4 \cdot 10^7$

404

Staat	1)	2)	3)
Deutschland	$8{,}2599 \cdot 10^7$ Personen	$3{,}57022 \cdot 10^5$ km²	$2{,}5 \cdot 10^2$ P./km² 231 P./km² (231,3 ...)
Frankreich	$6{,}1647 \cdot 10^7$ Personen	$5{,}515 \cdot 10^5$ km²	10^2 P./km² 112 P./km² (111,7 ...)
Ver. Königreich	$6{,}0769 \cdot 10^7$ Personen	$2{,}429 \cdot 10^5$ km²	$2{,}5 \cdot 10^2$ P./km² 250 P./km² (250,1 ...)
Italien	$5{,}8877 \cdot 10^7$ Personen	$3{,}01318 \cdot 10^5$ km²	$2 \cdot 10^2$ P./km² 195 P./km² (195,3 ...)
Liechtenstein	$3{,}5 \cdot 10^4$ Personen	$1{,}6 \cdot 10^2$ km²	$2 \cdot 10^2$ P./km² 219 P./km² (218,75)
Niederlande	$1{,}6419 \cdot 10^7$ Personen	$4{,}1543 \cdot 10^4$ km²	$4 \cdot 10^2$ P./km² 395 P./km² (395,2 ...)
Norwegen	$4{,}698 \cdot 10^6$ Personen	$3{,}23802 \cdot 10^5$ km²	$1{,}5 \cdot 10^1$ P./km² 15 P./km² (14,5 ...)
Österreich	$8{,}315 \cdot 10^6$ Personen	$8{,}3879 \cdot 10^4$ km²	10^2 P./km² 99 P./km² (99,1 ...)
Schweden	$9{,}119 \cdot 10^6$ Personen	$4{,}50295 \cdot 10^5$ km²	$2 \cdot 10^1$ P./km² 20 P./km² (20,2 ...)
Schweiz	$7{,}484 \cdot 10^6$ Personen	$4{,}1277 \cdot 10^4$ km²	$2 \cdot 10^2$ P./km² 181 P./km² (181,3 ...)

4) zB: Deutschland, Großbritannien: Industriestaaten mit vielen Ballungszentren; Norwegen, Schweden: viele Waldgebiete, große Gebiete in klimatisch ungünstigen Regionen

405 a) Ü: $5 \cdot 10^3 \cdot 2 \cdot 10^2 = 10^6$; 1 001 286
b) Ü: $9 \cdot 10^4 \cdot 2 \cdot 10^1 = 18 \cdot 10^5$; 1 883 868
c) Ü: $8 \cdot 10^3 \cdot 2 \cdot 10^2 = 16 \cdot 10^5$; 1 681 945
d) Ü: $10^3 \cdot 6 \cdot 10^4 = 6 \cdot 10^7$; 58 538 970
e) Ü: $10^5 \cdot 5 \cdot 10^2 = 5 \cdot 10^7$; 48 615 336
f) Ü: $4 \cdot 10^3 \cdot 8 \cdot 10^3 = 32 \cdot 10^6$; 31 751 415
g) Ü: $5 \cdot 10^4 \cdot 3 \cdot 10^2 = 15 \cdot 10^6$; 16 698 528
h) Ü: $9 \cdot 10^2 \cdot 8 \cdot 10^3 = 72 \cdot 10^5$; 8 195 904

406 a) 1) $3 \cdot 10^5$ km 2) $3 \cdot 10^8$ m
b) Ü: 1 Jahr $\approx 3 \cdot 10^7$ s; $3 \cdot 10^5 \cdot 3 \cdot 10^7$ km $= 9 \cdot 10^{12}$ km
TR: 9 454 240 500 000 km $\approx 9{,}45 \cdot 10^{12}$ km
c) $3{,}97 \cdot 10^{13}$ km ($3{,}970\ldots \cdot 10^{13}$)
d) $2{,}41 \cdot 10^{19}$ km ($2{,}410\ldots \cdot 10^{19}$)

407 a) Merkur: $5{,}8 \cdot 10^7$ km
Venus: $1{,}08 \cdot 10^8$ km
Erde: $1{,}50 \cdot 10^8$ km
Mars: $2{,}28 \cdot 10^8$ km
Jupiter: $7{,}78 \cdot 10^8$ km
Saturn: $1{,}433 \cdot 10^9$ km
Uranus: $2{,}872 \cdot 10^9$ km
Neptun: $4{,}495 \cdot 10^9$ km
Pluto: $5{,}907 \cdot 10^9$ km

b) Gesamtmasse aller Planten: $2{,}67 \cdot 10^{27}$ kg (2,669…)
Die Masse der Sonne ist 1) $7{,}44 \cdot 10^2$-mal, 2) 744-mal (743,9…)
so groß wie die Gesamtmasse aller Planeten zusammen.

c) zB: Runde die Radien der einzelnen Planeten auf Tausend und gib sie in Gleitkommadarstellung an.

408 1) zB: Erde: $6 \cdot 10^3$ kg/m³, Sonne: $1{,}3 \cdot 10^3$ kg/m³
2) Erde: 5 490 kg/m³ (5 492,…), Sonne: 1 410 kg/m³ (1 409,5…)
3) Schau zB im Internet nach!

409 a) $4{,}5 \cdot 10^9$ Jahre b) $1{,}42 \cdot 10^{17}$ s $(1{,}419\ldots \cdot 10^{17})$

410 a) $3r + 3s$ b) $15u - 3v$ c) $-18t - 21s$ d) $-4x + y$
Anwenden des Verteilungsgesetzes.

411 a) $2{,}4c + 2{,}4f$ b) $4{,}5k - 4{,}5r$ c) $5x + 5y$ d) $5u - 2{,}5f$
Anwenden des Vertauschungs- und Verteilungsgesetzes.

412 a) $2u - 2v - 2w$
b) $-7{,}5e - 7{,}5f + 7{,}5k$
c) $4{,}2r - 4{,}2s - 4{,}2t$
d) $-10x + 7{,}5y - 2{,}5z$
Anwenden des Verteilungsgesetzes.

413 a) $-12f + 20k - 12p$ b) $-12m + 14s + 6x$ c) $12a - 3b + 9c$
Anwenden des Verteilungsgesetzes.

414 Der Flächeninhalt des Rechtecks mit den Seitenlängen p – q und y ist gleich der Differenz des Flächeninhalts des Rechtecks mit den Seitenlängen p und y und des Flächeninhalts des Rechtecks mit den Seitenlängen q und y.

415 zB: a) b) c)

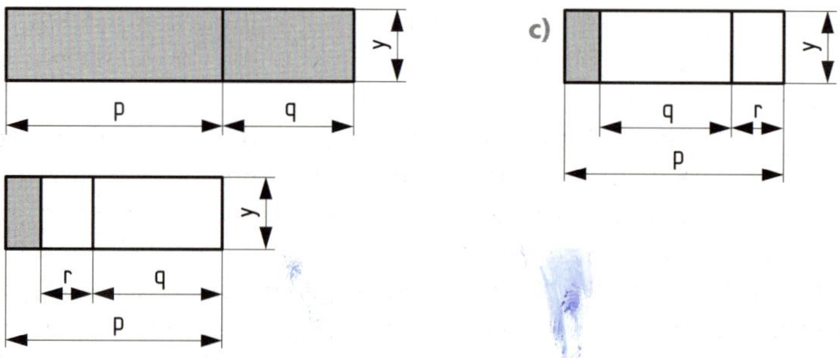

416 a) $7x + 3y - 3z$; Probe: 20 b) $14x - 7y - 7z$; Probe: 0
Anwenden des Verteilungs- und Vertauschungsgesetzes, Ordnen, Zusammenfassen.

417 a) $-38r - s$; Probe: -79 b) $-23r - 6s$; Probe: -64
Anwenden des Verteilungs- und Vertauschungsgesetzes, Ordnen, Zusammenfassen.

418 a) $-13r + 43s$; Probe: 17 b) $-6r + 42s$; Probe: 30
Anwenden des Verteilungs- und Vertauschungsgesetzes, Ordnen, Zusammenfassen.

419 a) $-12e$; Probe: -24
b) $105e - 65f$; Probe: 145
c) $-22e$; Probe: -44
d) $63f$; Probe: 63
Anwenden des Verteilungs- und Vertauschungsgesetzes, Ordnen, Zusammenfassen.

420 a) $a^2 + ab$
b) $ab + b^2$
c) $-a^2 + ab$
d) $ab - b^2$
e) $a^2 - ab$
f) $ab - b^2$
g) $-ab + b^2$
h) $a^2 + ab$

421 a) $a^2 + b^2$
b) $-u^2 + 2uv + v^2$
c) $r^2 + s^2$
d) $x^2 + y^2$
e) $-2s^2$
f) $2st$

422 a) $a^3 - a^2b$
b) $-a^3 + a^2b$
c) $-ab^2 - b^3$
d) $ab^2 - b^3$

423 a) $a^3 + b^3$; Probe: 35
b) $a^3 - b^3$; Probe: -19
c) $a^3 + b^3$; Probe: 35
d) $a^3 - b^3$; Probe: -19

424 a) $12a^4 - 3a$; Probe: 186
b) $-4x^4 + x^2 + 6x$; Probe: -48
c) $a^4 - 5$; Probe: 11
d) 0; Probe: 0

425 a) $2a^3 + 11a^2 - 24a$; Probe: -11
b) $13x^3 + 7x$; Probe: -20
c) $22a^4 - 16a^3 + 46a^2$; Probe: 52
d) $2x^4 - 28x^2$; Probe: -26

426 a) $(x - 7) \cdot 5 = 5x - 35$
b) $(x - 3) \cdot 6 = 6x - 18$
c) $(6 - x) \cdot 4 = 24 - 4x$
d) $\frac{(x + 3)}{2} = \frac{x}{2} + \frac{3}{2}$

427 a) Es wurden nicht beide Summanden multipliziert.
$14 \cdot (5 + x) = 70 + 14x$
b) Es wurden nicht beide Summanden multipliziert.
$(c + d) \cdot 9 = 9c + 9d$
c) Die Vorzeichenregel wurde missachtet.
$(a - 3b) \cdot (-4) = -4a + 12b$
d) Die Potenzen wurden falsch multipliziert.
$4s^2 \cdot (s^2 + s) = 4s^4 + 4s^3$

428 a) $(p + q) \cdot (r + s) = p \cdot r + p \cdot s + q \cdot r + q \cdot s$
Der Flächeninhalt des Rechtecks mit den Seitenlängen p + q, r + s ist gleich der Summe der Flächeninhalte der Rechtecke mit den Seitenlängen p, r und p, s und q, r und q, s.
b) $(p - q) \cdot (r + s) = p \cdot r + p \cdot s - q \cdot r - q \cdot s$
Der Flächeninhalt des Rechtecks mit den Seitenlängen p – q, r + s ist gleich der Summe der Flächeninhalte der Rechtecke mit den Seitenlängen p, r und p, s, vermindert um die Flächeninhalte der Rechtecke mit den Seitenlängen q, r und q, s.
c) $(p - q) \cdot (r - s) = p \cdot r - q \cdot r - p \cdot s + q \cdot s$
Der Flächeninhalt des Rechtecks mit den Seitenlängen p – q, r – s ist gleich dem Flächeninhalt des Rechtecks mit den Seitenlängen p, r, vermindert um die Flächeninhalte der Rechtecke mit den Seitenlängen q, r und p, s und vermehrt um den (doppelt abgezogenen) Flächeninhalt des Rechtecks mit den Seitenlängen q, s.

429 a) Setze zB: $c + d = f$!

$(a - b) \cdot (c + d) = (a - b) \cdot f =$	Verteilungsgesetz
$= a \cdot f - b \cdot f = a \cdot (c + d) - b \cdot (c + d) =$	zweimal Verteilungsgesetz und Vorzeichenregel der Multiplikation
$= a \cdot c + a \cdot d - b \cdot c - b \cdot d =$	Vertauschungsgesetz der Addition
$= a \cdot c - b \cdot c + a \cdot d - b \cdot d$	

429 b) Setze zB: $r - s = g$!

$(a + b + c) \cdot (r - s) = (a + b + c) \cdot g =$	Verteilungsgesetz
$= a \cdot g + b \cdot g + c \cdot g =$	
$= a \cdot (r - s) + b \cdot (r - s) + c \cdot (r - s) =$	dreimal Verteilungsgesetz und Vorzeichenregel der Multiplikation
$= a \cdot r - a \cdot s + b \cdot r - b \cdot s + c \cdot r - c \cdot s =$	Vertauschungsgesetz der Addition
$= a \cdot r + b \cdot r + c \cdot r - a \cdot s - b \cdot s - c \cdot s$	

c) Setze zB: $r + s = h$!

$(a + b - c) \cdot (r + s) = (a + b - c) \cdot h =$	Verteilungsgesetz und Vorzeichen-
$= a \cdot h + b \cdot h - c \cdot h =$	regel der Multiplikation
$= a \cdot (r + s) + b \cdot (r + s) - c \cdot (r + s) =$	dreimal Verteilungsgesetz und Vorzeichenregel der Multiplikation
$= a \cdot r + a \cdot s + b \cdot r + b \cdot s - c \cdot r - c \cdot s =$	Vertauschungsgesetz der Addition
$= a \cdot r + b \cdot r - c \cdot r + a \cdot s + b \cdot s - c \cdot s$	

430
a) $p^2 + 9p + 14$; Probe: 50
b) $p^2 + 9p + 20$; Probe: 56
c) $p^2 + 3p - 4$; Probe: 14
d) $p^2 - 2p - 3$; Probe: 0
e) $p^2 - 1$; Probe: 8
f) $p^2 - 4$; Probe: 5
g) $p^2 - 4p - 32$; Probe: -35
h) $p^2 - 11p + 30$; Probe: 6

431
a) $2p^2 - 9p + 10$; Probe: 0
b) $3p^2 + 20p - 32$; Probe: 20
c) $3p^2 - 12$; Probe: 0
d) $5p^2 - 25p + 20$; Probe: -10
e) $12p^2 + 8p - 20$; Probe: 44
f) $-12p^2 - 2p + 2$; Probe: -50
g) $16p^2 - 48p + 20$; Probe: -12
h) $3p^2 - 2p - 16$; Probe: -8

432
a) $15eg - 6fg + 20eh - 8fh$; Probe: 25
b) $-8eg + 4fg + 10eh - 5fh$; Probe: 0
c) $-8eg - 6fg + 4eh + 3fh$; Probe: -20
d) $24eg - 15fg - 56eh + 35fh$; Probe: 38
e) $8eg - 2fg - 12eh + 3fh$; Probe: -12
f) $-27ef - 18eg + 21fh + 14gh$; Probe: 228

433
a) $-6x^2y^2 - 4x^2y + 15xy^2 + 10xy$; Probe: 112
b) $-6x^2y^2 + 4x^2y + 15xy^2 - 10xy$; Probe: 80
c) $-24x^2y^2 + 18x^2y + 16xy^2 - 12xy$; Probe: -832
d) $24x^2y^2 + 18x^2y + 16xy^2 + 12xy$; Probe: 2432
e) $12x^2y + 6x^2 - 8xy^2 - 4xy$; Probe: -72
f) $-12x^2y - 6x^2 - 8xy^2 - 4xy$; Probe: -504

434
a) $2u^3 + 6u^2v^2 + uv + 3v^3$; Probe: 140
b) $2u^4 + u^2v^2 - v^4$; Probe: -70
c) $u^4 - u^2v^2 - 2v^4$; Probe: -170
d) $6u^3 - 8u^2v^2 + 18uv - 24v^3$; Probe: -660
e) $3u^3 - 12u^2v^2 - 2uv + 8v^3$; Probe: 105
f) $10u^3 - 6u^2v + 25uv^2 - 15v^3$; Probe: -188

435
a) $18a^3 - 15a^2 + 3a + 1$; Probe: 361
b) $24a^3 + 14a^2 - 9a + 1$; Probe: 748
c) $6a^3 - 9a^2 + 8a - 5$; Probe: 100
d) $15a^3 - 31a^2 + 60a - 20$; Probe: 286
e) $-15a^3 - 31a^2 + 40a + 20$; Probe: -544
f) $15a^3 - 31a^2 - 40a + 20$; Probe: 26

436 a) $-15a^3 + 31a^2 + 40a - 20$; Probe: 64
b) $-24a^3 + 108a + 81$; Probe: 105
c) $6a^3 + a^2 - 10a + 3$; Probe: 35
d) $a^3 - 5a^2 + 6a - 2$; Probe: -2
e) $7a^3 - 9a^2 + 5a - 3$; Probe: 27
f) $-4a^3 - 18a^2 - 10a - 8$; Probe: -132
g) $-27a^3 - 36a^2 - 21a - 6$; Probe: -408
h) $a^3 + 2a^2 + 2a + 1$; Probe: 21

437 a) $2r^3 - 9r^2s + 5rs^2 + 6s^3$; Probe: 52
b) $-4r^3s + 10r^2s^2 - 5rs^3 + 2s^4$; Probe: 24
c) $8r^3 - 10r^2s - 39rs^2 + 56s^3$; Probe: 280
d) $-12r^3s + 7r^2s^2 - 9rs^3 + 2s^4$; Probe: -36
e) $-12r^3 + 29r^2s - 34rs^2 + 35s^3$; Probe: 190
f) $12r^3 + 13r^2s - 34rs^2 - 35s^3$; Probe: -378
g) $6r^3s - 7r^2s^2 + 12rs^3 - 5s^4$; Probe: 0
h) $6r^3s - r^2s^2 - 12rs^3 - 5s^4$; Probe: -168

K **438** und **439** Wende das Verteilungsgesetz an und fasse zusammen!

440 a) Es wurde nicht jedes Glied des ersten Terms mit jedem Glied des zweiten Terms multipliziert.
$(3a - 2)(3 + 2a) = 9a - 6 + 6a^2 - 4a = 6a^2 + 5a - 6$
b) Es wurde zuerst subtrahiert und erst dann multipliziert!
$8xy - 7xy(x - 4) = 8xy - 7x^2y + 28xy = 36xy - 7x^2y$
c) Es wurden nicht alle Glieder miteinander multipliziert und die Vorzeichenregel missachtet.
$(d - 3)(e + 2) - (de + e) = de - 3e + 2d - 6 - de - e = 2d - 4e - 6$

441 a) $(3x - 2)(x + 1) = 3x^2 + x - 2$
b) $(y + 5)(2y - 4) = 2y^2 + 6y - 20$
c) $(2a - 3b)(b + 3) = 2ab - 3b^2 + 6a - 9b$
d) $(c + 3)(c + 6) = c^2 + 9c + 18$

442 Wenn die beiden Klammerausdrücke gleich sind.

443 1) $A = 4x^2 + 2x(a + b)$
2) $A = 16x^2 + 4x(a + b)$
3) $U = 2(a + b + 4x)$; der Umfang des Grundstückes ist um 8x länger als der Umfang des Beetes.

444 Man muss 125 vom Ergebnis subtrahieren.

445 Die Schuhgröße wird mit 100 multipliziert und steht daher an der Tausender- und Hunderterstelle. Das Alter ergibt sich aus der Rechenoperation (39 · 50 + 60 – Geburtsjahr) und steht daher an der Zehner- und Einerstelle.

446 a) $a^2 + 2a + 1$
b) $q^2 - 2q + 1$
c) $b^2 + 6b + 9$
d) $r^2 - 8r + 16$
e) $c^2 + 200c + 10\,000$
f) $s^2 - 16s + 64$
g) $100 + 20d + d^2$
h) $100 - 20t + t^2$
i) $144 + 24e + e^2$
j) $225 - 30u + u^2$

447 a) $4a^2 + 4a + 1$
b) $9b^2 + 30b + 25$
c) $16i^2 - 56i + 49$
d) $4s^2 - 4st + t^2$
e) $4m^2 + 20mp + 25p^2$
f) $9u^2 - 24uv + 16v^2$
g) $16x^2 + 24xy + 9y^2$
h) $25z^2 - 20zt + 4t^2$

448 a) $9x^2 - 6xy + y^2$ b) $25y^2 - 70yz + 49z^2$ c) $9k^2 - 24kv + 16v^2$ d) $\frac{x^2}{4} - \frac{xy}{3} + \frac{y^2}{9}$

449 a) $16a^2 + 24am + 9m^2$ b) $9b^2 + 24bu + 16u^2$ c) $36c^2 + 12cv + v^2$ d) $25r^2 + 5rs + \frac{s^2}{4}$

450 a) $e^2 + 2efg + f^2g^2$ b) $a^4 + 2a^2b^2 + b^4$ c) $1 + 2ps + p^2s^2$ d) $a^2 - 2ab^2 + b^4$ e) $9 - 6gh + g^2h^2$ f) $a^2b^2 - 2abc^2 + c^4$ g) $a^4 + 4a^2b^2 + 4b^4$ h) $9a^4 - 6a^2b^2 + b^4$

451 Der Flächeninhalt des Quadrats mit der Seitenlänge a – b ist gleich dem Flächeninhalt des Quadrats mit der Seitenlänge a, vermindert um die Flächeninhalte des Quadrats mit der Seitenlänge b sowie der beiden Rechtecke mit den Seitenlängen a – b, b.
Dh $(a - b)^2 = a^2 - b^2 - 2b(a - b) = a^2 - b^2 - 2ab + 2b^2 = a^2 - 2ab + b^2$

452 a) $(4x + 3)^2$ b) $(2 - 5z)^2$ c) $(6 + 7n)^2$ d) $(6y - 3)^2$ e) $(10 + k)^2$ f) $(u - 5v)^2$ g) $(4r - 3s)^2$ h) $(7s + 2t)^2$ i) $(11r - 6t)^2$

453 a) 1) $a^2 + 6ax + 9x^2 = (a + 3x)^2$
2) $z^2 + 8z + \underline{16} = (z + 4)^2$
3) $16 - \underline{8a} + a^2 = (4 - a)^2$
b) 1) $x^2 + 6x + \underline{9} = (x + 3)^2$
2) $64x^2 - \underline{16bx} + b^2 = (8x - b)^2$
3) $p^2 - 2pq + q^2 = (p - q)^2$
c) 1) $4a^2 + \underline{12ab} + 9b^2 = (2a + 3b)^2$
2) $4a^2 - \underline{12ab} + 9b^2 = (2a - 3b)^2$
3) $4a^2 + 12ab + 9b^2 = (2a + 3b)^2$
d) 1) $16x^2 + \underline{48xy} + 36y^2 = (4x + 6y)^2$
2) $100x^2 + 20x + \underline{1} = (10x + 1)^2$
3) $x^2 - \underline{2xy} + y^2 = (x - y)^2$

454 a) $(3z + 7)^2 = 9z^2 + 42z + 49$
b) $(6y - 4)^2 = 36y^2 - 48y + 16$
c) $(2x + 8)^2 = 4x^2 + 32x + 64$
d) $(9y + 10)^2 = 81y^2 + 180y + 100$
e) $(6x - 2)^2 = 36x^2 - 24x + 4$
f) $(5z + 13)^2 = 25z^2 + 130z + 169$
g) $(5a - 25)^2 = 25a^2 - 250a + 625$
h) $(x - 4y)^2 = x^2 - 8xy + 16y^2$

455 a) $2p^2 + 2q^2$; Probe: 26
b) $5p^2 + 5q^2$; Probe: 65
c) $4p^2 - 4pq + 4q^2$; Probe: 28
d) $4pq$; Probe: 24
e) $-5p^2 + 24pq + 5q^2$; Probe: 119
f) $p^2 + 10pq + q^2$; Probe: 73
g) $5p^2 + 4pq - 10q^2$; Probe: 29
h) $21p^2 - 30pq + 29q^2$; Probe: 125
i) $-19p^2 - 12pq + 6q^2$; Probe: –219

456 1) $A = (a + b) \cdot (a - b) = a^2 - b^2$
2) $A = a^2 - b^2$
3) $A_I = (a - b) \cdot b = ab - b^2$
$A_{II} = b(a - b) = ab - b^2$
4) Die Flächeninhalte von 1) und 2) bzw. von I und II sind gleich.

457 a) $x^2 - z^2$ b) $4a^2 - b^2$ c) $25 - 4x^2$ d) $9x^2 - 25y^2$ e) $\frac{x^2}{4} - \frac{z^2}{9}$ f) $\frac{4a^2}{9} - \frac{b^2}{16}$

458 a) $(2x - 3y) \cdot (2x + 3y) = 4x^2 - 9y^2$
b) $(2a + 5) \cdot (2a - 5) = 4a^2 - 25$
c) $(3b + 2a^2) \cdot (3b - 2a^2) = 9b^2 - 4a^4$
d) $(a - 7b) \cdot (a + 7b) = a^2 - 49b^2$
e) $(5u + 3v) \cdot (5u - 3v) = 25u^2 - 9v^2$
f) $(4v^3 + 6t^3) \cdot (4v^3 - 6t^3) = 16v^6 - 36t^6$

459 a) $(u + v)(u - v)$
b) $(2a + b)(2a - b)$
c) $(4y + 6)(4y - 6)$
d) $(3z^2 + 4z)(3z^2 - 4z)$
e) $\left(\frac{1}{2}x + y\right)\left(\frac{1}{2}x - y\right)$
f) $\left(2u + \frac{y}{3}\right)\left(2u - \frac{y}{3}\right)$
g) $\left(\frac{t}{3} + 3s\right)\left(\frac{t}{3} - 3s\right)$
h) $\left(4s + \frac{2r}{3}\right)\left(4s - \frac{2r}{3}\right)$

460 a) $3a^2 + b^2$; Probe: 13
b) $a^2 + 3b^2$; Probe: 7
c) $a^2 + 4ab - b^2$; Probe: 11
d) $a^2 - 4\,b - b^2$; Probe: – 5
e) 0; Probe: 0
f) 8ab; Probe: 16
g) $-a^2 + 2ab$; Probe: 0
h) $-2ab - b^2$; Probe: – 5
i) $-3ab$; Probe: – 6
j) $a^2 + 4ab$; Probe: 12
k) $-a^2 + 6ab - b^2$; Probe: 7
l) $-2a^2 - b^2$; Probe: – 9

461 1) zB: 5 … $4 \cdot 6 = 24$; $24 + 1 = 25 = 5^2$
4 … $3 \cdot 5 = 15$; $15 + 1 = 16 = 4^2$
8 … $7 \cdot 9 = 63$; $63 + 1 = 64 = 8^2$
7 … $6 \cdot 8 = 48$; $48 + 1 = 49 = 7^2$
12 … $11 \cdot 13 = 143$; $143 + 1 = 144 = 12^2$
2) Zahl: n; Nachbarzahlen: $(n - 1)$, $(n + 1)$
$(n - 1) \cdot (n + 1) = n^2 - 1$; $(n^2 - 1) + 1 = n^2 - 1 + 1 = n^2$

462 1) zB: n = 15; $15 + 15^2 = 240$ und $15 \cdot 16 = 240$
2) $n \cdot (n + 1) = n^2 + n$

463 1) zB: 3 … $3^3 - 3 = 24$; $2 \cdot 3 \cdot 4 = 24$
5 … $5^3 - 5 = 120$; $4 \cdot 5 \cdot 6 = 120$
8 … $8^3 - 8 = 504$; $7 \cdot 8 \cdot 9 = 504$
11 … $11^3 - 11 = 1320$; $10 \cdot 11 \cdot 12 = 1320$
27 … $27^3 - 27 = 19656$; $26 \cdot 27 \cdot 28 = 19656$
2) Zahl: n; Nachbarzahlen: $(n - 1)$, $(n + 1)$
$\underline{n(n - 1)(n + 1)} = n(n^2 - 1) = \underline{n^3 - n}$

464 1) zB: 7 … $7^2 + 1 = 50$; $50 : 5 = 10$
8 … $8^2 + 1 = 65$; $65 : 5 = 13$
13 … $13^2 + 1 = 170$; $170 : 5 = 34$
22 … $22^2 + 1 = 485$; $485 : 5 = 97$
27 … $27^2 + 1 = 730$; $730 : 5 = 146$
2) Die Differenz zwischen 2 benachbarten durch 5 teilbaren Zahlen beträgt 5, dh. wenn $n - 1$, n und $n + 1$ nicht durch 5 teilbar sind, so müssen entweder $n - 2$ oder $n + 2$ durch 5 teilbar sein.
Im Term $25 \cdot t^2 + 20 \cdot t + 5$ ist jeder Summand durch 5 teilbar und auf Grund der Summenregel für die Teilbarkeit ist auch der gesamte Term durch 5 teilbar.
3) Vergleicht mit 2)
$n + 2 = 5 \cdot t \Rightarrow n = 5 \cdot t - 2 \Rightarrow n^2 = 25 \cdot t^2 - 20 \cdot t + 4 \Rightarrow n^2 + 1 = 25 \cdot t^2 - 20 \cdot t + 5$

465 1) a) $5^2 - 4 \cdot 6 = 1$ b) $6^2 - 4 \cdot 8 = 4$ c) $7^2 - 4 \cdot 10 = 9$ d) $8^2 - 4 \cdot 12 = 16$
$6^2 - 5 \cdot 7 = 1$ $7^2 - 5 \cdot 9 = 4$ $8^2 - 5 \cdot 11 = 9$ $9^2 - 5 \cdot 13 = 16$
$7^2 - 6 \cdot 8 = 1$ $8^2 - 6 \cdot 10 = 4$ $9^2 - 6 \cdot 12 = 9$ $10^2 - 6 \cdot 14 = 16$

2) a) Subtrahiert man vom Quadrat einer natürlichen Zahl n (n > 1) das Produkt aus (n – 1) und (n + 1), so erhält man 1 (1^2).
b) Subtrahiert man vom Quadrat einer natürlichen Zahl n (n > 2) das Produkt aus (n – 2) und (n + 2), so erhält man 4 (2^2).
c) Subtrahiert man vom Quadrat einer natürlichen Zahl n (n > 3) das Produkt aus (n – 3) und (n + 3), so erhält man 9 (3^2).
d) Subtrahiert man vom Quadrat einer natürlichen Zahl n (n > 4) das Produkt aus (n – 4) und (n + 4), so erhält man 16 (4^2).

3) a) $n^2 - (n - 1)(n + 1) = n^2 - (n^2 - 1) = n^2 - n^2 + 1 = 1$
b) $n^2 - (n - 2)(n + 2) = n^2 - (n^2 - 4) = n^2 - n^2 + 4 = 4$
c) $n^2 - (n - 3)(n + 3) = n^2 - (n^2 - 9) = n^2 - n^2 + 9 = 9$
d) $n^2 - (n - 4)(n + 4) = n^2 - (n^2 - 16) = n^2 - n^2 + 16 = 16$

4) $6^2 - 1 \cdot 11 = 25$ allgemein mathematischer Zusammenhang:
$7^2 - 2 \cdot 12 = 25$ $n^2 - (n - k) \cdot (n + k) = k^2$
$8^2 - 3 \cdot 13 = 25$ $(n, k \in \mathbb{N}, n > k)$
……

5) Subtrahiert man vom Quadrat einer natürlichen Zahl n das Produkt aus (n – k) und (n + k), so erhält man k^2, wobei die natürliche Zahl k kleiner n ist:
$n^2 - (n - k) \cdot (n + k) = n^2 - (n^2 - k^2) = n^2 - n^2 + k^2 = k^2$

466 1) zB: $28^2 = (20 + 8)^2 = 20^2 + 2 \cdot 20 \cdot 8 + 8^2 = 784$
2) zB: $28^2 = (30 - 2)^2 = 30^2 - 2 \cdot 30 \cdot 2 + 2^2 = 784$
3) zB: $82^2 = (80 + 2)^2 = 80^2 + 2 \cdot 80 \cdot 2 + 2^2 = 6724$
$82^2 = (90 - 8)^2 = 90^2 - 2 \cdot 90 \cdot 8 + 8^2 = 6724$

467 Natascha rechnet $(40 + 1)^2 = 1600 + 80 + 1 = 1681$.
Jakob rechnet $(60 + 1)(60 - 1) = 3600 - 1 = 3599$.

468 a) 2 208 b) 5 775 c) 14,43 d) 84,63

469 a) 8 999 999 b) 15 999 996 c) 35 999 999 d) 63 999 991

470 72,25; hinter dem Komma steht immer 25; die Zahl vor dem Komma erhält man, indem man die Einerstelle mit der nächst höheren Zahl multipliziert.

471 Es gibt keine weiteren zweistelligen Zahlen, bei denen diese Vorgehensweise funktioniert.

472

a	102	103	104	105	106	107	108	109
a^2	10 404	10 609	10 816	11 025	11 236	11 449	11 664	11 881
a	201	301	401	501	601	701	801	901
a^2	40 401	90 601	160 801	251 001	361 201	491 401	641 601	811 801

473 Das Ergebnis ist immer das Quadrat der gedachten Zahl, da:
$(n - 1) \cdot (n + 1) + 1 = n^2 - 1 + 1 = n^2$

474 a) 3(x + y) c) 5(f – g) e) 5(2r – 3s) g) 7(4u – 3v) i) 9(5s + 2t)
b) 4(k + 1) d) 7(h – 1) f) m(u + 1) h) n(q – 1) j) a(b + 1)

475
a) $r(r + 2)$
b) $m(m + 1)$
c) $s(s - 3)$
d) $n(n + 1)$
e) $t(t - q)$
f) $k^2(k + 1)$
g) $u(u + e)$
h) $f^2(f - 1)$
i) $a^2(b - 1)$
j) $k^4(k - 1)$

476
a) $4(g + h - k)$
b) $d(d^2 - 3d + 4)$
c) $7f\,(3f^2 - 2f + 1)$
d) $5(2x + 5y - 6z)$
e) $e(e^2 + 2e - 7)$
f) $9k\,(4k^2 + 3k - 2)$
g) $e(u - v + w)$
h) $h(h^2 - 4h + 7)$
i) $5(5n^3 - 3n^2 + 7)$

477
a) $-(a - b)$
b) $-(-c + 2d)$
c) $-(2x - y - 3z)$
d) $-(-5a + b + 2c)$
e) $-5(a - b + c)$
f) $-2(x + y + z)$
g) $-(-2a + 3b - 4c)$
h) $-(2a - 3b + 4c)$

478
a) $3ab + 3c = 3 \cdot (ab + c)$
b) $12 - 6x = 6 \cdot (2 - x)$
c) $9x - 12xy = 3x \cdot (3 - 4y)$
d) $-x + xy = -x \cdot (1 - y)$
e) $a - b = (-1) \cdot (-a + b)$
f) $-ab - 6a = -a \cdot (b + 6)$

479
a) nein; rechte Seite: $5(a - bc)$
b) nein; rechte Seite: $3x(yz + 1)$
c) nein; rechte Seite: $2r(5s + 6t)$
d) nein; rechte Seite: $10a(2a - b)$
e) nein; rechte Seite: $4r(4s - 5r)$
f) nein; rechte Seite: $2(an + bm)$
g) nein; rechte Seite: $20a(a - 1)$
h) nein; rechte Seite: $10(b + c)$
i) nein; rechte Seite: $5(r + 2s)$

480
a) $\frac{2x^2 - 3}{2}$; $x \neq 0$
b) $\frac{4x + 3}{2}$; $x \neq 0$
c) $3 - 5y$; $y \neq 0$
d) $3 - y^2$; $y \neq 0$
e) $\frac{6z^2 - 5}{2}$; $z \neq 0$
f) $\frac{8z^2 - 3z}{5}$; $z \neq 0$
g) $\frac{a - 1}{2a}$; $a \neq 0$
h) $\frac{3a + 2}{a}$; $a \neq 0$
i) $\frac{5r + 10s}{2}$; $r \neq 0$
j) $8g - 7h^3$; $g \neq 0$

481
a) $\frac{x - 2y}{3x + y}$; $x \neq -\frac{y}{3}$
b) $\frac{s + 2r}{3 - s}$; $r \neq 0$; $s \neq 3$
c) $\frac{2 - z}{2 + 4z}$; $z \neq -\frac{1}{2}$
d) $\frac{x^2 + 2xy}{x - 3y}$; $x \neq 0$; $y \neq \frac{x}{3}$
e) $\frac{4 + 2b}{3b - 1}$; $a \neq 0$; $b \neq \frac{1}{3}$
f) $\frac{2z^3 - 1}{3 + 2z}$; $z \neq -\frac{3}{2}$; $z \neq 0$
g) $\frac{b + 2}{2a + b}$; $a \neq 0$; $b \neq -2a$
h) $\frac{5a}{3}$; $a \neq 0$; $b \neq 2$
i) $\frac{a}{2b}$; $a \neq -\frac{b}{3}$; $b \neq 0$
j) $\frac{a}{b}$; $a \neq -\frac{3b}{2}$; $b \neq 0$

482
Es wurde falsch gekürzt.
a) richtig: $\frac{5a - 10}{a}$
b) richtig: $\frac{a^2 - 2}{2}$
c) richtig: $a + b$
d) richtig: $\frac{2x + 3y}{5}$
e) richtig: $\frac{2 - z}{2}$
f) richtig: 1
g) richtig: $\frac{a + b^2}{b^3}$
h) richtig: $\frac{uv - uw}{vw}$

483
a) $(p + q)\,(r + s)$
b) $(v - w)\,(e - f)$
c) $2(x - y)\,(d + k)$
d) $2(2a + d)\,(b - c)$
e) $3(x - 2y)\,(u + 2v)$
f) $5(u + 1)\,(3x - 2y)$

484
a) $(3g - 1)\,(3x - y)$
b) $(4h - 1)\,(y + 5z)$
c) $(5k + 2)\,(1 - r)$
d) $(2s - 3t)\,(1 + 4u)$
e) $(4r - 1)\,(s + 5t)$
f) $(2x + 1)\,(3y - 4z)$

485
a) $(p + q)\,(2x - 3y)$
b) $(p - q)\,(2x + 3y)$
c) $(2p + 3q)\,(x - y)$
d) $(2p - 3q)\,(x - y)$
e) $(p + q)\,(3x - 5y)$
f) $(p - q)\,(3x - 5y)$

486 a) $(4e - 5f)(g + 5h)$ b) $(c - x)(7k - 2m)$ c) $(r - s)(-4e + 3f)$ d) $(u - v) \cdot 5r$

487 a) $(24{,}3 + 54{,}7) \cdot (0{,}0002 + 0{,}0098) = 0{,}79$

b) $\left(\frac{4}{3} + \frac{5}{4}\right) \cdot (25 + 31) = \frac{434}{3}$

c) $(-184{,}3 + 34{,}3) \cdot (8{,}39 + 1{,}67) = -1509$

d) $\left(\frac{1}{2} - \frac{1}{3}\right) \cdot (2{,}99 + 5{,}01) = \frac{4}{3}$

e) $(80{,}66 - 0{,}66) \cdot (0{,}56 + 0{,}44) = 80$

488 a) $A_I = \frac{1}{2}(c - a)(e - b)$; $A_{II} = \frac{1}{2}(c - a)(d - e) \Rightarrow A = A_I + A_{II} = \frac{1}{2}(c - a)(d - b)$

b) $A_I = \frac{1}{2}(c - e)(b - a)$; $A_{II} = \frac{1}{2}(c - e)(a - d) \Rightarrow A = A_I + A_{II} = \frac{1}{2}(c - e)(b - d)$

489 zB: a) 1) Summe der Form A + B: $\boxed{(4x - y)} + \boxed{(x + 3y)}$

2) Summe der Form A + (B + C): $\boxed{(4x - y)} + (\boxed{x} + \boxed{3y})$

3) Summe der Form (A – B) + C: $(\boxed{4x} - \boxed{y}) + \boxed{(x + 3y)}$

b) 1) Differenz der Form A – B: $\boxed{(3a + b)} - \boxed{(5z + 2u)}$

2) Differenz der Form A – (B + C): $\boxed{(3a + b)} - (\boxed{5z} + \boxed{2u})$

3) Differenz der Form (A + B) – C: $(\boxed{3a} + \boxed{b}) - \boxed{(5z + 2u)}$

c) 1) Produkt der Form A · B: $\boxed{5x} \cdot \boxed{(2y - z)}$

2) Produkt der Form A · (B – C): $\boxed{5x} \cdot (\boxed{2y} - \boxed{z})$

3) Produkt der Form A · B · C: $\boxed{5} \cdot \boxed{x} \cdot \boxed{(2y - z)}$

d) 1) Produkt der Form A · B · C: $\boxed{5a} \cdot \boxed{3b} \cdot \boxed{(c - 1)}$

2) Produkt der Form A · (B – C): $\boxed{5a \cdot 3b} \cdot (\boxed{c} - \boxed{1})$

3) Produkt der Form A · B: $\boxed{5a \cdot 3b} \cdot \boxed{(c - 1)}$

e) 1) Bruch der Form $\frac{A}{B}$: $\frac{\boxed{3 \cdot (5x - 2y)}}{\boxed{2x + y}}$

2) Bruch der Form $\frac{A \cdot B}{C}$: $\frac{\boxed{3} \cdot \boxed{(5x - 2y)}}{\boxed{2x + y}}$

3) Bruch der Form $\frac{A \cdot (B - C)}{D + E}$: $\frac{\boxed{3} \cdot (\boxed{5x} - \boxed{2y})}{\boxed{2x + y}}$

f) 1) Bruch der Form $\frac{A}{B}$: $\frac{\boxed{4a - 3b}}{\boxed{a^2 - b^2}}$

2) Bruch der Form $\frac{A - B}{C}$: $\frac{\boxed{4a} - \boxed{3b}}{\boxed{a^2 - b^2}}$

3) Bruch der Form $\frac{A}{B \cdot C}$: $\frac{\boxed{4a - 3b}}{\boxed{(a - b)} \cdot \boxed{(a - b)}}$

g) 1) Bruch der Form $\frac{A}{B}$: $\frac{\boxed{5r - 10}}{\boxed{2r + 3}}$

2) Bruch der Form $\frac{A}{B + C}$: $\frac{\boxed{5r - 10}}{\boxed{2r} + \boxed{3}}$

3) Bruch der Form $\frac{A \cdot B}{C}$: $\frac{\boxed{5} \cdot \boxed{(r - 2)}}{\boxed{2r + 3}}$

489 zB: h) 1) Quadrat der Form A^2: $\boxed{(4x+8)}^2$

2) Quadrat der Form $(A \cdot B)^2$: $(\boxed{4} \cdot \boxed{(x+2)})^2$

3) Quadrat der Form $(A + B)^2$: $(\boxed{4x} + \boxed{8})^2$

490 a) Zwei Terme werden multipliziert und ein dritter Term wird zum Produkt addiert;
zB $\boxed{4x} \cdot \boxed{3y} + \boxed{z}$.

b) Zwei Terme werden subtrahiert und die Differenz wird mit einem dritten Term multipliziert; zB $\boxed{5r} \cdot (\boxed{s} - \boxed{2t})$.

c) Von einem Produkt zweier Terme wird ein Produkt zweier anderer Terme subtrahiert;
zB $\boxed{4a} \cdot \boxed{3b} - \boxed{c} \cdot \boxed{5d}$.

d) Zwei Terme werden multipliziert und das Produkt durch einen dritten Term dividiert; zB $\frac{\boxed{3} \cdot \boxed{(r+s)}}{\boxed{2x}}$.

491 zB: 1) $a \cdot \frac{b}{2}$ oder $\frac{a}{2} \cdot b$ 2) $\frac{1}{2} \cdot a \cdot b$

492 Bernd verwendet die Termstruktur $(A - B)^2$: $(\boxed{x^2} - \boxed{3x})^2$
Astrid verwendet die Termstruktur $[A \cdot (B - C)]^2$: $[\boxed{x} \cdot (\boxed{x} - \boxed{3})]^2$

493 a) 1) äquivalent
2) äquivalent
3) nicht äquivalent, Änderung zB: $x = 4\frac{1}{3}$
4) äquivalent
5) äquivalent

b) 1) nicht äquivalent, Änderung zB: $z - 5 = 35$
2) äquivalent
3) äquivalent
4) nicht äquivalent, Änderung zB: $z - 1 = 39$
5) nicht äquivalent, Änderung zB: $\frac{z}{5} = 8$

494 zB: a) $x = 2$; $5x - 10 = 0$; $10x = 20$
b) $y = 8$; $2y = 16$; $y - 8 = 0$
c) $-2x = -2$; $2 = 2x$; $x = 1$
d) $20 + 2z = 5$; $15 + 2z = 0$; $2z = -15$
e) $3s = 30$; $s = 10$; $3s - 30 = 0$

495 a) Auf beiden Seiten der Gleichung wurde 6 subtrahiert.
b) Beide Seiten der Gleichung wurden durch 7 dividiert.
c) Beide Seiten der Gleichung wurden durch 3 dividiert.
d) Auf beiden Seiten der Gleichung wurde 2x subtrahiert.
e) Auf beiden Seiten der Gleichung wurde 1 subtrahiert.

496 a) $5x = 35 \quad |:5$
$x = 7$

b) $\frac{y}{8} = 1 \quad |\cdot 8$
$y = 8$

c) $\frac{a}{8} = \frac{7}{2} \quad |\cdot 8$
$a = 28$

d) $2b + 3 = 17 \quad |-3$
$b = 7$

e) $9x = 5x - 16 \quad |-5x$
$x = -4$

f) $5z + 3 = 4z - 6 \quad |-4z$
$z = -9$

g) $\frac{u}{3} + \frac{u}{2} = 15 \quad |\cdot 6$
$u = 18$

h) $\frac{5}{4}v = v + 1 \quad |-v$
$v = 4$

497 zB: 1) $2x + 5 = 7x - 4 \Rightarrow x = 1{,}8$

2) $4(2y - 3) + y = 9y - 12$

$8y - 12 + y = 9y - 12$

$9y = 9y$

Jede Zahl y ist Lösung.

3) $4(2z - 3) + z = 9z + 4$

$8z - 12 + z = 9z + 4$

$9z - 12 = 9z + 4$

$9z = 9z + 16$

Es gibt keine Zahl z, die diese Gleichung erfüllt.

498 a) A $x = 5$ B $x = 5$ C $x = 5$

b) Ja, die drei Gleichungen sind äquivalent.

499 zB: a) $x - 6 = -1$; $\frac{4}{5}a = a - 1$; $7(t - 3) = 14$

b) $r - 1 = -3$; $3y - 5 = y - 9$; $5 = 5(z + 3)$

c) $2c = 1$; $4b + 6 = 2b + 7$; $6(s + 3) = 21$

d) $3w = 2w$; $7v + 128 = 128$; $3\left(d - \frac{2}{3}\right) = -2$

500 a) $x = 3\frac{1}{2}$; Probe: $5\frac{1}{2}$
b) $u = -7$; Probe: 3
c) $y = 2\frac{5}{8}$; Probe: $8\frac{1}{4}$
d) $v = -2$; Probe: -11
e) $z = 0$; Probe: $1\frac{1}{2}$
f) $w = -9$; Probe: -1

501 a) $u = 1$; Probe: -7
b) $w = 4$; Probe: 5
c) $v = 0$; Probe: 5
d) $t = 1$; Probe: 1
e) $z = -20$; Probe: -27
f) $s = -7$; Probe: -30

502 a) $m = -4$; Probe: 2
b) Keine Zahl m.

503 a) $y = 3$; Probe: 9
b) Jede Zahl x.
c) Keine Zahl z.
d) Jede Zahl u.

504 a) $x = -4$; Probe: -80
b) $x = 1$; Probe: 9
c) $x = 0{,}5$; Probe: -6
d) $x = -4$; Probe: 25

505 a) $x = 1$; Probe: -3
b) $x = -3$; Probe: 117
c) $x = 5$; Probe: 450
d) $x = -1$; Probe: 4

506 a) $x = 0$; Probe: 4
b) $x = -2$; Probe: 16
c) $x = 0$; Probe: 4
d) $x = -2$; Probe: 0
e) $x = -2$; Probe: 4
f) $x = 1$; Probe: 9

507 a) $x = 1{,}5$; Probe: 4
b) $z = -4$; Probe: -16
c) Jede Zahl y.
d) $u = -1$; Probe: 49

508 a) $x = 28$; Probe: 7744
b) $z = 0$; Probe: 9
c) $x = 44$; Probe: 29241
d) $x = 4{,}5$; Probe: 420,25

509 a) $x = -1{,}5$; Probe: $-1{,}5$
b) $x = 0{,}8$; Probe: 1
c) $x = 6$; Probe: 1
d) $y = 4$; Probe: $3\frac{1}{6}$
e) $y = 14$; Probe: 16
f) $y = 0$; Probe: 1
g) $z = 12$; Probe: 13
h) $z = 12$; Probe: 7

510 a) $x = \frac{8}{3}$; Check: $\frac{5}{3}$
b) Each number x
c) $x = -\frac{1}{3}$; Check: $-\frac{32}{9}$
d) $x = \frac{6}{11}$; Check: $\frac{432}{121}$

511 a) $x \approx 2{,}4$ b) $x \approx 8{,}2$ c) $x \approx 5{,}3$ d) $x \approx 4{,}4$ e) $x \approx 5{,}9$ f) $x \approx 10{,}3$ g) $x \approx 1{,}6$ h) $x \approx 1{,}6$

512 $V = a \cdot b \cdot c$; $V = 7 \cdot 2 \cdot 5\ \text{cm}^3 = 70\ \text{cm}^3$

1) $a = \frac{V}{b \cdot c}$; $a = \frac{70}{2 \cdot 5}\ \text{cm} = 7\ \text{cm}$

2) $b = \frac{V}{a \cdot c}$; $b = \frac{70}{7 \cdot 5}\ \text{cm} = 2\ \text{cm}$

3) $c = \frac{V}{a \cdot b}$; $c = \frac{70}{7 \cdot 2}\ \text{cm} = 5\ \text{cm}$

513 $A = \frac{e \cdot f}{2}$; $A = \frac{13 \cdot 10}{2}\ \text{cm}^2 = 65\ \text{cm}^2$

1) $e = \frac{2A}{f}$; $e = \frac{2 \cdot 65}{10}\ \text{cm} = 13\ \text{cm}$

2) $f = \frac{2A}{e}$; $f = \frac{2 \cdot 65}{13}\ \text{cm} = 10\ \text{cm}$

514 $A = \frac{a + c}{2} \cdot h$; $A = \frac{8 + 12}{2} \cdot 10\ \text{cm}^2 = 100\ \text{cm}^2$

1) $h = \frac{2A}{a + c}$; $h = \frac{2 \cdot 100}{8 + 12}\ \text{cm} = 10\ \text{cm}$

2) $a = \frac{2A}{h} - c$; $a = \frac{2 \cdot 100}{10}\ \text{cm} - 12\ \text{cm} = 8\ \text{cm}$

3) $c = \frac{2A}{h} - a$; $c = \frac{2 \cdot 100}{10}\ \text{cm} - 8\ \text{cm} = 12\ \text{cm}$

515 1) $F_s =; \frac{W}{s}$; $F_s = \frac{6300}{15}\ \text{N} = 420\ \text{N}$ 2) $s = \frac{W}{F_s}$; $s = \frac{6300}{420}\ \text{m} = 15\ \text{m}$

516 1) $W = P \cdot t$; $W = 500 \cdot 6\ \text{J} = 3000\ \text{J}$ 2) $t = \frac{W}{P}$; $t = \frac{3000}{500}\ \text{s} = 6\ \text{s}$

517 1) $U = I \cdot R$; $U = 2 \cdot 115\ \text{V} = 230\ \text{V}$ 2) $R = \frac{U}{I}$; $R = \frac{230}{2}\ \Omega = 115\ \Omega$

518 1) $F_1 = \frac{F_2 \cdot l_2}{l_1}$; $F_1 = \frac{400 \cdot 3}{4}\ \text{N} = 300\ \text{N}$ 3) $l_1 = \frac{F_2 \cdot l_2}{F_1}$; $l_1 = \frac{400 \cdot 3}{300}\ \text{m} = 4\ \text{m}$

2) $F_2 = \frac{F_1 \cdot l_1}{l_2}$; $F_2 = \frac{300 \cdot 4}{3}\ \text{N} = 400\ \text{N}$ 4) $l_2 = \frac{F_1 \cdot l_1}{F_2}$; $l_2 = \frac{300 \cdot 4}{400}\ \text{m} = 3\ \text{m}$

519 a) 1) $x = \frac{z}{y}$; $y = \frac{z}{x}$; $z = x \cdot y$ 2) $A \cdot B$ c) 1) $x = y + z$; $y = x - z$; $z = x - y$ 2) $A - B$

b) 1) $x = y \cdot z$; $y = \frac{x}{z}$; $z = \frac{x}{y}$ 2) $\frac{A}{B}$ d) 1) $x = y - z$; $y = x + z$; $z = -x + y$ 2) $-A + B$

520 a) 1) $x = \frac{u - z}{y}$; $y = \frac{u - z}{x}$; $z = u - xy$; $u = xy + z$ 2) $A \cdot B + C$

b) 1) $x = \frac{u + z}{y}$; $y = \frac{u + z}{x}$; $z = -u + xy$; $u = xy - z$ 2) $A \cdot B - C$

c) 1) $x = \frac{-u + z}{y}$; $y = \frac{-u + z}{x}$; $z = u + xy$; $u = -xy + z$ 2) $A - B \cdot C$

d) 1) $x = \frac{-u + z}{y}$; $y = \frac{-u + z}{x}$; $z = u + xy$; $u = -xy + z$ 2) $-A \cdot B + C$

521 a) 1) $x = y(u - z)$; $y = \frac{x}{u - z}$; $z = u - \frac{x}{y}$; $u = \frac{x}{y} + z$ 2) $\frac{A}{B} + C$

b) 1) $x = y(u + z)$; $y = \frac{x}{u + z}$; $z = -u + \frac{x}{y}$; $u = \frac{x}{y} - z$ 2) $\frac{A}{B} - C$

c) 1) $x = y(u + z)$; $y = \frac{x}{u + z}$; $z = -u + \frac{x}{y}$; $u = \frac{x}{y} - z$ 2) $\frac{A}{B} - C$

d) 1) $x = y(u - z)$; $y = \frac{x}{u - z}$; $z = u - \frac{x}{y}$; $u = \frac{x}{y} + z$ 2) $A - \frac{B}{C}$

522 zB: a) $4x + 7 = 5$; $x = -\frac{1}{2}$

b) $12x + 7 = 5$; $x = -\frac{1}{6}$

c) $24x + 7 = 5$; $x = -\frac{1}{12}$

523 zB: a) $\frac{x}{3} - \frac{x}{4} = 7$; $x = 84$

b) $\frac{x}{3} - \frac{x}{4} = 19$; $x = 228$

c) $\frac{x}{3} - \frac{x}{4} = -1$; $x = -12$

524 zB: $6x + 24 = 9x$; $x = 8$

525 zB: **a)** Kleinere Zahl: x; größere Zahl: $x + 4$.
$2(x + 4) = x + 21$; $x = 13$
Die beiden Zahlen sind 13 und 17.
b) Größere Zahl: x; kleinere Zahl: $x - 7$.
$2x = (x - 7) + 21$; $x = 14$
Die beiden Zahlen sind 14 und 7.

526 z.B: **a)** $x + (x + 9) + (x + 18) = 93$; $x = 22$
Die Summanden sind 22, 31, 40.
b) $x + 5x + 25x = 93$; $x = 3$
Die Summanden sind 3, 15, 75.

527 eg: **a)** $x + 2 = 2x - 5$; $x = 7$
The number is 7.
b) $x + (x + 1) = 3x - 1$; $x = 2$
The numbers are 2 and 3.

528 **a)** $\alpha = 60°$, $\beta = 120°$ **b)** $\alpha = 30°$, $\beta = 150°$ **c)** $\alpha = 20°$, $\beta = 160°$

529 **a)** $c = 6$ cm, $a = b = 9$ cm **b)** $c = 2$ cm, $a = b = 11$ cm

530 **a)** $\alpha = \beta = 36°$, $\gamma = 108°$ **b)** $\alpha = \beta = 20°$, $\gamma = 140°$ **c)** $\alpha = \beta = 12°$, $\gamma = 156°$

531 Erstes Rechteck: Länge 8 cm, Breite 5 cm
Zweites Rechteck: Länge 10 cm, Breite 5 cm

532 **a)** Die Seitenlänge des ursprünglichen Quadrats ist 2 cm.
b) Die Seitenlänge des ursprünglichen Quadrats ist 10 cm.

533 **a)** $x = 1{,}5$ dm **b)** $x = 2$ cm

534 **a)** $x = 40$ **b)** $x = 80$ **c)** $x = 145$ **d)** $x = 6$

535 **a)** 40 cm, 30 cm, 20 cm, 10 cm

b) $43\frac{1}{3}$ cm, $33\frac{1}{3}$ cm, $23\frac{1}{3}$ cm

c) Eine solche Teilung ist nicht möglich.

536 Schmuckstück: 280 €; Halskette: 70 €

537 **a)** 100 € **b)** 56 € **c)** 145 €

538 1. Etappe: 191 km, 2. Etappe: 147 km, 3. Etappe: 130 km, 4. Etappe: 161 km

539 Formel **5)** $s = \frac{h}{2}$ beschreibt die Beziehung richtig.

540 **a)** Es gehen 174 Schülerinnen und 211 Schüler in die Schule.
b) 32 Lehrerinnen und 16 Lehrer unterrichten an dieser Schule.
c) Wahrscheinlichste Möglichkeit: 3 weibliche und 1 männlicher Mitarbeiter.
Weitere Möglichkeiten: 6 weibliche und 2 männliche Mitarbeiter,
9 weibliche und 3 männliche Mitarbeiter, …

541 In Athen hatten 245 Wettkämpfer an 43 Bewerben teilgenommen.

542 Nach 8 Stunden Brenndauer sind die beiden Kerzen gleich hoch.

543 **1)** Frau Breyer wohnt 11 km vom Bahnhof entfernt.
2) In der Nacht hätte Frau Breyer 18 € bezahlen müssen.

544 zB: Anzahl der Tage, die der Arbeiter arbeitet: d
$d \cdot 5 = (28 - d) \cdot 3 \Rightarrow d = 10{,}5$
Der Arbeiter arbeitete $10\frac{1}{2}$ Tage und $17\frac{1}{2}$ Tage nicht.

545 eg: $155 = 4x + 3$; $x = 38$ There are 39 goats on the field.

546 Rechne vor dem Einsetzen alle Preise in Euro um!

1) zB: Die Stromkosten R erhält man, indem man den Grundpreis G, den Messpreis M, den Arbeitspreis A und die Energieabgabe E addiert und diese Summe um 20 % Mehrwertsteuer vermehrt.

2) $R = (G + M + A + E) \cdot 1{,}2$

3) $G = \frac{R}{1{,}2} - M - A - E$; $M = \frac{R}{1{,}2} - G - A - E$;
$A = \frac{R}{1{,}2} - G - M - E$; $E = \frac{R}{1{,}2} - G - M - A$

4) **a)** 150,44 € (150,444)
b) 824,36 € (824,364)
c) 1 494,67 € (1 494,666)
d) Für $z \leq 6205$ gilt:
$[8{,}37 + (0{,}017 + 0{,}085 + 0{,}015) \cdot z] \cdot 1{,}2$ € $= [8{,}37 + 0{,}117 \cdot z] \cdot 1{,}2$ €
Für $z > 6205$ gilt:
$[8{,}37 + (0{,}017 + 0{,}085 + 0{,}015) \cdot 6205 + (0{,}06 + 0{,}085 + 0{,}015) \cdot (z - 6205)] \cdot 1{,}2$ € $=$
$= [734{,}355 + 0{,}16 \cdot (z - 6205)] \cdot 1{,}2$ €

5) Die Angabe für den Preis einer kWh ist sinnvoll, da in den meisten Fällen mit einer kWh-Anzahl größer 1 000 multipliziert wird.

547 Entnehmt die aktuellen Werte zB der Stromrechnung eurer Wohnung!

548 Anzahl der in diesem Monat verkauften CDs: x
$\frac{x}{2} + x + 2x + 4x = 900\,000 \Rightarrow x = 120\,000$
In diesem Monat wurden 120 000 CDs verkauft.

549 Bettina hat unrecht; jede natürliche Zahl erfüllt diese Angabe!

550 **a)** $5 \cdot (a + b) = 5a + 5b$
b) $3 \cdot (x + 8) = 3x + 24$
c) $2 \cdot (y - 6) = 2y - 12$
d) $z \cdot (z + 1) = z^2 + z$

551 **a)** $5a + 3b - 2$; Probe: 27
b) $5a - 2 + 3b$; Probe: 27
c) $5a - 3b + 2$; Probe: 13
d) $-3a - 3b$; Probe: -21

552 **a)** ggT (24, 36) = $12 = 2^2 \cdot 3$; kgV (24, 36) = $72 = 2^3 \cdot 3^2$
b) ggT (18, 24) = $6 = 2 \cdot 3$; kgV (18, 24) = $72 = 2^3 \cdot 3^2$
c) ggT (36, 48) = $12 = 2^2 \cdot 3$; kgV (36, 48) = $144 = 2^4 \cdot 3^2$
d) ggT (96, 144) = $48 = 2^4 \cdot 3$; kgV (96, 144) = $288 = 2^5 \cdot 3^2$

553 **a)** B = 1,2 N **b)** 1 260 €

554 **1)** Das Produkt zweier geraden Zahlen ist immer gerade.
2) Das Produkt zweier ungerader Zahlen ist immer ungerade.
3) $z + (z + 1) = 2z + 1$ 2z ist immer gerade, daher ist $2z + 1$ immer ungerade.
4) $z + (z + 1) + (z + 2) + (z + 3) = 4z + 6 = 2 \cdot (2z) + 6$; 2z ist immer gerade, daher ist $4x + 6$ gerade.
5) Da bereits alle Primfaktoren von 2 bis 9 in n enthalten sind, können $n + 2, n + 3 \ldots n + 9$ keine Primfaktoren sein.

555 Die Seitenlänge des blauen Quadrates muss 12 m betragen.

556 zB: a) $x + (x - 3) = 23; \quad x = 13$
b) $x + (x - 3) = -23; \quad x = -10$
c) $x + (x - 3) = -1; \quad x = 1$
d) $x + (x - 3) = 7; \quad x = 5$

557 a) $\alpha = 30°, \beta = 60°, \gamma = 90°$
b) $\alpha = 18°, \beta = 72°, \gamma = 90°$
c) $\alpha = 9°, \beta = 81°, \gamma = 90°$

558 a) 90 Mädchen und 70 Buben nehmen an den Wettkämpfen teil.
b) 97 Mädchen und 143 Buben nehmen an den Wettkämpfen teil.

559 zB: a) $x = 7{,}5$
Georg hat 38,30 € zum Einkauf mit. Er kauft 3 Packungen Windeln. Wieviel kostet eine Packung, wenn ihm 15,80 € übrigen bleiben?
b) $x = 19{,}6$
Wieviel € muss Susannes Mutter zu 80,40 € dazugeben, damit sie Susanne und ihren vier Geschwistern jeweils 20 € Taschengeld auszahlen kann?
c) $x = 6$
Eine um 14 vermehrte Zahl ist gleich groß wie das Fünffache der um 2 verminderten Zahl.
d) $x = 52$
4,5 t Schotter kosten 234 €. Wieviel kostet eine t?

560 bis **570** Siehe Buch Seite 280!

571

	Verhältnis	5	10	20	40	50	100	120
a)	30	6 : 1	3 : 1	3: 2	3 : 4	3 : 5	3 : 10	1 : 4
b)	20	4 : 1	2 : 1	1 : 1	1 : 2	2 : 5	1 : 5	1 : 6
c)	50	10 : 1	5 : 1	5 : 2	5 : 4	1 : 1	1 : 2	5 : 12
d)	15	3 : 1	3 : 2	3 : 4	3 : 8	3 : 10	3 : 20	3 : 24
e)	25	5 : 1	5 : 2	5 : 4	5 : 8	1 : 2	1 : 4	5 : 24

572 a) $g : h = 1 : 2$
b) $a : b = 4 : 3$
c) $m : n = 3 : 2$
d) $x : y = 1 : 1$
e) $a : b = 3 : 7$
f) $u : v = 3 : 1$

573 zB: a)
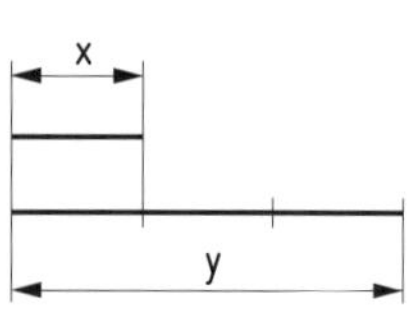

b)
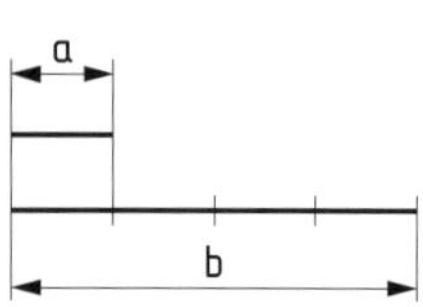

c)
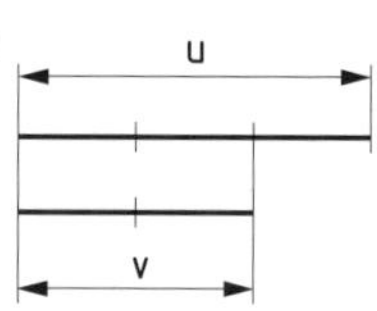

d)
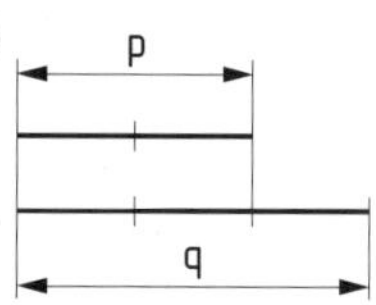

573 zB:

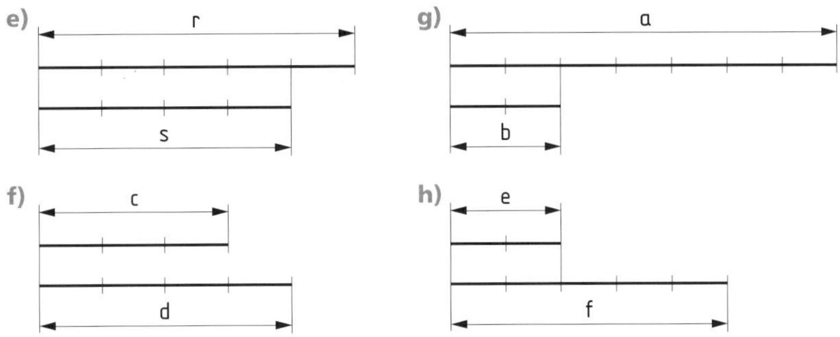

574

a) 1) um 600 2) 2-mal
b) 1) um 700 2) 2,4-mal
c) 1) um 1 000 2) 6-mal
d) 1) um 1 050 2) 8-mal
e) 1) um 1 120 2) 15-mal
f) 1) um 1 175 2) 48-mal
g) 1) um 1 192 2) 150-mal
h) 1) um 1 195 2) 240-mal

575

a) 7 : 8
b) 3 : 1
c) 3 : 5 : 9
d) 4 : 15
e) 6 : 5
f) 5 : 7 : 13
g) 3 : 1
h) 10 : 1
i) 2 : 3 : 4
j) 4 : 5
k) 3 : 2
l) 6 : 4 : 3
m) 1 : 1
n) 4 : 3
o) 2 : 1 : 3

576

a) 1 : 5
b) 3 : 5
c) 1 : 11
d) 2 : 5
e) 1 : 8
f) 3 : 4
g) 2 : 3 : 4
h) 2 : 3 : 5

577

	a)	b)	c)	d)	e)	f)
Verh. d. Zahlen	2 : 3	3 : 4	5 : 2	3 : 5	4 : 3	5 : 12
1. Zahl	48	45	70	75	44	35
2. Zahl	72	60	28	125	33	84

578

a) $\frac{3}{4} : \frac{5}{4} = 3 : 5$
b) $\frac{5}{6} : \frac{1}{3} = 5 : 2$
c) 0,36 : 0,48 = 3 : 4
d) 0,08 : 0,8 = 1 : 10
e) $\frac{4}{3} : \frac{1}{2} = 8 : 3$
f) $\frac{7}{8}$: 0,25 = 7 :2
g) $\frac{7}{10}$: 0,07 = 10 : 1
h) 0,3 : $1\frac{1}{3}$ = 9 : 40

579

a) 10 : 1
b) 1000 : 1
c) 10 000 : 1
d) 1 000 : 1
e) 100 : 1
f) 1 000 : 1
g) 1 000 000 : 1
h) 60 : 1

580

a) 22 : 25
b) 18 : 25
c) 3 : 5
d) 1 : 1
e) 6 : 1
f) 20 : 1
g) 40 : 1
h) 8 : 3

581

a) 3 : 1
b) 1 : 6
c) 5 : 1
d) 3 : 2
e) 45 : 1
f) 6 : 13
g) 175 : 39
h) 1 : 36
i) 1 : 1

582 1 : 12

583

a) 8 : 5 : 4
b) 2 : 3 : 4
c) 3 : 4 : 3
d) 2 : 5 : 3
e) 9 : 11 : 7
f) 4 : 13 : 17

584

a) a : b = 1 : 5
b) a : b = 3 : 4
c) a : b = 6 : 5
d) a : b = 2 : 3
e) a : b = 1 : 40

585 a) red : green = 3 : 2 c) green : black = 8 : 15
b) blue : black = 7 : 10 d) black : red = 5 : 4

586 a) 2,8 : 1,1 : 0,8 ≈ 3 : 1 : 1 c) 1,9 : 1,2 : 1,6 ≈ 6 : 4 : 5
b) 3,4 : 6,2 : 7,8 ≈ 2 : 4 : 5 d) 0,9 : 4,2 : 8,3 ≈ 1 : 5 : 9

587 a) 4259 : 7670 ≈ 5 : 9 c) 407 : 889 ≈ 1 : 2
b) 1736 : 4039 ≈ 2 : 5 d) 3668 : 6604 ≈ 5 : 9

588

gesamt:	3363000 : 4027900 ≈ 5 : 6
Männlich:	2029100 : 2208500 ≈ 10 : 11
Weiblich:	1333900 : 1819400 ≈ 3 : 4
Unselbstständig:	2865900 : 3334100 ≈ 6 : 7
Selbstständig:	497100 : 872500 ≈ 5 : 9
Arbeitslose:	130500 : 185600 ≈ 2 : 3

589 1882: 1 : 9; 1925: 1 : 2,85 (2,846…); 1950: 1 : 2,45 (2,448…); 1965: 1 : 1,5;
1985: 1 : 0,82 (0,818…); 1999: 1 : 0,72 (0,724…); 2007: 1 : 0,67 ($0,\overline{6}$)

590 47 : 57 : 70 ≈ 5 : 6 : 7

591 a) 5 : 4 b) 4 : 3 c) 3 : 2 d) 5 : 3 e) 15 : 8 f) 2 : 1

K **592** a) 1) 1 : 25 2) 4 % 3) Steigungswinkel: 2°
b) 1) 1 : 20 2) 5 % 3) Steigungswinkel: 3°
c) 1) 1 : 4 2) 25 % 3) Steigungswinkel: 14°
d) 1) 1 : 2 2) 50 % 3) Steigungswinkel: 27°
e) 1) 1 : 1 2) 100 % 3) Steigungswinkel: 45°

593 a) 1) 30 m 2) 50 cm b) 1) 750 m 2) 2 cm c) 1) 3 km 2) 5 mm

594 a) 28 cm; 12,8 cm; 15,8 cm
b) 18,7 cm ($18,\overline{6}$); 8,5 cm ($8,5\overline{3}$); 10,5 cm ($10,5\overline{3}$)
c) 14 cm; 6,4 cm; 7,9 cm
d) 4,7 cm ($4,\overline{6}$); 2,1 cm ($2,1\overline{3}$); 2,6 cm ($2,6\overline{3}$)

595 a) 1 : 100 c) 1 : 5000 e) 1 : 100000 g) 1 : 5000000
b) 1 : 1000 d) 1 : 400 f) 1 : 200000 h) 1 : 4000000

596 a) 1 : 3 = 2 : 6 c) 2 : 5 = 6 : 15 e) 6 : 15 = 2 : 5
b) 2 : 3 = 4 : 6 d) 8 : 10 = 4 : 5 f) 6 : 30 = 1 : 5

597 a) v = 8 b) $r = \frac{27}{28}$ c) u = 63181

598 a) richtig e) falsch; (– 3) : 15 = (– 17) : 85
b) falsch; 2 : 3 = 3 : 4,5 f) falsch; $\frac{1}{2} : \frac{1}{3} = \frac{1}{4} : \frac{1}{6}$
c) falsch; 4 : 5 = (– 5) : (– 6,25) g) richtig
d) richtig h) falsch; $0,6 : 1 = 2\frac{1}{2} : 4\frac{1}{6}$

599 a) $x = 6;\ x \neq 0$ c) $z = 66;\ z \neq 0$ e) $v = \frac{2}{9};\ v \neq 0$
b) $y = 15$ d) $u = 13\frac{1}{2}$ f) $w = 10;\ w \neq 0$

600 a) $x = 10;\ x \neq 2$ c) $z = 9;\ z \neq -\frac{3}{2}$ e) $z = 81;\ z \neq \frac{5}{3};\ z \neq -\frac{3}{5}$
b) $y = 4;\ y \neq \frac{2}{5}$ d) $u = 3;\ u \neq \frac{3}{8}$ f) keine Zahl y

601 a) $k = 3$; $k \neq -12$ b) $n = 7$; $n \neq -\frac{5}{4}$ c) $m = 3$ d) $r = -4$; $r \neq 5$

602 zB: a) $4 : 8 = 9 : 18$ oder $4 : 9 = 8 : 18$
b) $6 : (-8) = (-3) : 4$ oder $6 : (-3) = (-8) : 4$
c) $3 : 5 = y : x$ oder $3 : y = 5 : x$
d) $a : c = c : b$ oder $b : c = c : a$

603 Die Strecken sind 18 m bzw. 42 m lang.

604 Die Teilstrecken sind a) 6 cm bzw. 4 cm, b) 8 cm bzw. 2 cm, c) 7 cm bzw. 3 cm, d) 7,5 cm bzw. 2,5 cm, e) 3,75 cm bzw. 6,25 cm lang.

605 Die Teilstrecken sind a) 2 cm bzw. 3 cm bzw. 7 cm, b) 2,4 cm bzw. 3,6 cm bzw. 6 cm, c) 3 cm bzw. 4 cm bzw. 5 cm lang.

606 Die Flächeninhalte betragen 72 m^2 bzw. 45 m^2.

607 Die Größen der Winkel sind:
a) 42° und 48° b) 51° und 39° c) 35° und 55°

608 Die Längen der Seiten sind:
a) 34 cm, 51 cm und 68 cm b) 60 m, 100 m und 140 m

609 There are 20 women in the crowd.

610 $P : S = 1 : 16 \Rightarrow S = 16\,P$

611 zB: a) In einer Schule verhält sich die Anzahl der Lehrerinnen und Lehrer zur Anzahl der Schülerinnen und Schüler wie 1 : 10.
b) In einer Schule verhält sich die um 1 verminderte Anzahl der Lehrerinnen und Lehrer zur Anzahl der Schülerinnen und Schüler wie 1 : 10.
c) In einer Schule verhält sich die Anzahl der Lehrerinnen und Lehrer zu der um 12 vermehrten Anzahl der Schülerinnen und Schüler wie 1 : 10.

612 Das Bild ist 1,31 m ($1{,}3\overline{09}$) hoch.

613 1) $11\frac{2}{3}$ 2) $17\frac{1}{2}$

614 Olivia should pour another bottle of lemonade in her jug.

615 1) Die Styroporkugel für die Sonne muss 164,1 cm (164,06...) Durchmesser haben.
2) Er muss die Sonne in einer Entfernung von 175,8 m (175,78...) aufhängen.

616 Der Literpreis beträgt:
a) 4,58 € (4,575) b) 3,35 € c) 2,13 € (2,125)

617 Sie muss 49 Liter gelbe Farbe dazugeben.

618 Es sind voraussichtlich 150 defekte Glühbirnen in der Kiste.

619 Das Gebäude ist 56 m hoch.

620 Die Erben erhalten 2 500 €, 3 750 €, 2 500 € bzw. 6 250 €.

621 Herr Regner bekommt 36 000 € und Herr Haselsteiner bekommt 54 000 €.

622 a) A erhielt 180 €, B 210 € und C 150 €.
b) A erhielt 390 €, B 360 € und C 300 €.

623 Der Gewinn beträgt 2 000 €.

624 Chris got paid 7 € and Ben got paid 14 €.

625 direkt proportional: **e), f)**
indirekt proportional: **a), b), c)**
nicht proportional: **d), g), h)**

626 **a)** Proportionalitätsfaktor: $\frac{1}{2}$ bzw. 2, nächste Zahl: 5 bzw. $\frac{5}{2}$
b) Proportionalitätsfaktor: 3 bzw. $\frac{1}{3}$, nächste Zahl: 5 bzw. 15
c) Proportionalitätsfaktor: $\frac{3}{2}$ bzw. $\frac{2}{3}$, nächste Zahl: 6 bzw. 9
d) Proportionalitätsfaktor: – 2 bzw. $-\frac{1}{2}$, nächste Zahl: 6 bzw. – 12

627 **a)** Direkt proportional, da die Glieder der oberen Folge jeweils das (– 2)fache der Glieder der unteren Folge sind.
b) Indirekt proportional, da das Produkt jedes Gliedes der oberen Folge und des entsprechenden Gliedes der unteren Folge 3 ergibt.
c) Direkt proportional, da die Glieder der oberen Folge jeweils das (– 3)fache der Glieder der unteren Folge sind.

K **628** **a) 1)** (5|50), (6|60), (7|70), (9|90), (10|100), (11|110), (12|120)
2) 10
3) Wähle zB: x: 1 ≙ 5 mm; y: 10 ≙ 5 mm!

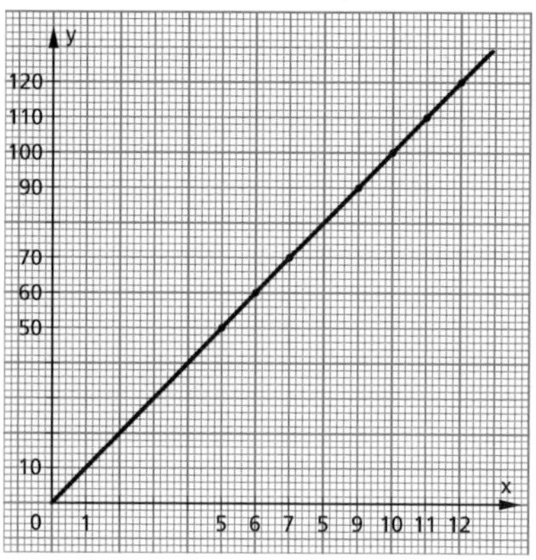

Die Punkte liegen auf einer Geraden.

b) 1) $\left(1 \mid \frac{1}{2}\right)$, (2 | 1), $\left(3 \mid 1\frac{1}{2}\right)$, (4 | 2), $\left(5 \mid 2\frac{1}{2}\right)$, (6 | 3), $\left(7 \mid 3\frac{1}{2}\right)$
2) $\frac{1}{2}$
3) Wähle zB: x: 1 ≙ 1 cm; y: 1 ≙ 1 cm!
Die Punkte liegen auf einer Geraden. (Vergleiche mit Aufg. a)!)

c) 1) $\left(1 \mid \frac{1}{5}\right)$, $\left(2 \mid \frac{2}{5}\right)$, $\left(3 \mid \frac{3}{5}\right)$, (5 | 1), $\left(7 \mid 1\frac{2}{5}\right)$, $\left(9 \mid 1\frac{4}{5}\right)$, (10 | 2)
2) $\frac{1}{5}$
3) Wähle zB: x: 1 ≙ 1 cm; y: 1 ≙ 2,5 cm!
Die Punkte liegen auf einer Geraden. (Vergleiche mit Aufg. a)!)

629 1) Direkt proportional, da der Höhenunterschied im selben Verhältnis wie die waagrechte Entfernung wächst.

2)

Waagrechte Entfernung	120 m	180 m	300 m	600 m	1 200 m	3 600 m	9 000 m	12 000 m
Höhen-unterschied	1 m	1,5 m	2,5 m	5 m	10 m	30 m	75 m	100 m

630 1)

Anzahl	1	2	3	4	5	6
Kosten	8 400 €	4 200 €	2 800 €	2 100 €	1 680 €	1 400 €

Anzahl	7	8	9	10	11	12
Kosten	1 200 €	1 050 €	933 € (933,3…)	840 €	764 € (763,6…)	700 €

2) Indirekt proportional, da das Produkt „Anzahl der angeschlossenen Häuser" mal „Kosten für einen Anschluss" konstant ist.

631 1) 40 cm, 30 cm, 24 cm, 20 cm, 15 cm, 12 cm, 10 cm, 8 cm, 6 cm, 4 cm, 3 cm, 2,4 cm, 2 cm, $\frac{120}{x}$ cm

2)

Breite in cm	3	4	5	6	8	10	12	15	20	30	40	50	60	x
Länge in cm	40	30	24	20	15	12	10	8	6	4	3	2,4	2	$\frac{120}{x}$

3) zB jeweils: 10 cm ≙ 1 cm!

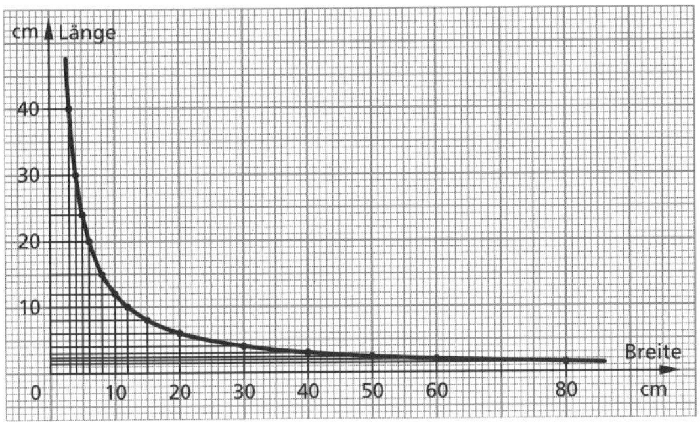

Die Punkte liegen auf einer Kurve.

4) ca. 5 cm (genauer Wert: 4,8 cm) bzw. ca. 2 cm (genauer Wert: 1,5 cm)

5) ca. 5 cm (genauer Wert: 5 cm) bzw. ca. 3 cm (genauer Wert: $3\frac{1}{3}$ cm)

6) Indirekt proportional, da das Produkt von Breite und Länge konstant ist.

632 1) $W = k \cdot H$ 2) $W = 360$

633 a) Direkt proportional, da die Quotienten aus Preis und zugehöriger Menge konstant sind.
zB: $P = n \cdot 1{,}68$ (P … Preis in €, n … Menge in kg, k = 1,68 … 1,68 €/kg)

b) Nicht direkt proportional, da die Quotienten „Laufstrecke durch Zeit" nicht gleich sind.

c) Direkt proportional, da die Quotienten „Verbrauch an Heu durch Anzahl der Pferde" gleich sind.
zB: $n = P \cdot 5$ (n … Menge in kg, P … Anzahl der Pferde, k = 5 … 5 kg/Pferd)

634 a) $\frac{1}{4}$ kg Äpfel kosten 0,30 €.

b) $\frac{1}{4}$ kg Orangen kosten 0,37 €.

c) 1 Zitrone kostet 0,13 €.

Nein, durch Mengenrabatt und Rundungsfehler ist der Preis zur Warenmenge nicht wirklich direkt proportional.

K 635 a) 1) Preis und Warenmenge stehen in direktem Verhältnis, da der Quotient „Preis durch Warenmenge" konstant ist.

2) 0,58 €; 0,87 €; 1,09 € (1,087...); 1,45 €; 1,81 € (1,812...)

3)

Extrawurst in dag	8	12	15	20	25
Preis in €	0,58	0,87	1,09	1,45	1,81

4) zB: 1 dag ≙ 5 mm, 1 € ≙ 5 cm!

5) 1,31 € (1,305) bzw. 2,18 € (2,175)

6) 41 dag (41,3...)

7) Man multipliziert den Preis von 1 dag Wurst mit n: $P = n \cdot 0{,}0725$.

8) 145 €

Dieser Preis wird vermutlich wegen eines Mengenrabatts nicht zu bezahlen sein.

b) 1) Preis und Warenmenge stehen in direktem Verhältnis, da der Quotient „Preis durch Warenmenge" konstant ist.

2) 0,55 € (0,550 ...); 0,83 € (0,825 ...); 1,03 (1,032); 1,38 € (1,376 ...); 1,72 €

3)

Streichwurst in dag	8	12	15	20	25
Preis in €	0,55	0,83	1,03	1,38	1,72

4) Vergleiche mit Aufgabe a) 4)!

5) 1,24 € (1,238 ...) bzw. 2,06 € (2,064)

6) 44 dag (43,6 ...)

7) Man multipliziert den Preis von 1 dag Wurst mit n: $P = n \cdot 0{,}0688$

8) 137,60 €

Dieser Preis wird vermutlich wegen eines Mengenrabatts nicht zu bezahlen sein.

636

↓ 250 km	20 Liter ↓	$250 : 150 = 20 : x$
150 km	x Liter	$\underline{x = 12}$

Frau Lang erreicht ihr Ziel, da sie nur noch 12 Liter Benzin braucht.

637

↓ 63 Liter	72 Tage ↑	$63 : 48 = x : 72$
48 Liter	x Tage	$\underline{x = 94{,}5}$

Der Tankinhalt reicht für $94\frac{1}{2}$ Tage.

638 Es entstehen 3,7 t (3,66...) Kohlendioxyd.

639 Sabine braucht 6 Stück der großen Äpfel.

640 1) Villach – Klagenfurt .... 99 km/h (99,1...)

Klagenfurt – Leoben .... 84 km/h (83,8...)

Leoben – Bruck a. d. Mur .... 96 km/h

Bruck a. d. Mur – Wr. Neustadt .... 87 km/h (86,8...)

Wr. Neustadt – Wien Meidling .... 115 km/h

Wien Meidling – Wien Südbahnhof .... 34 km/h (34,2...)

2) Wr. Neustadt – Wien Meidling

3) ... um 18:28 Uhr. Die Fahrzeit beträgt rund 3 h 14 min.

641 Der Zug muss mit 105 km/h fahren.

642 1) 267g ($266,\overline{6}$) 2) $m = \frac{8}{3} V$

643 Die Gesamtmasse beträgt 15,24 kg.

644 1)

Kilometres	Miles
8	5
16	10
24	15
32	20
40	25

2) k : m = 8 : 5
3) Yes, because the quotient „kilometres divided by miles" is constant.
4) eg: 1 m = 2 mm, 1 km = 1 mm

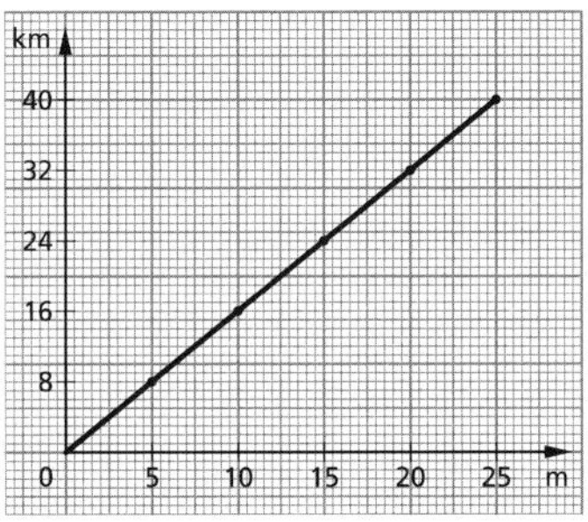

5) y = 1.6 x
6) a) 72 km b) 168 km

645 c : a : b (= a) = 2 : 3 : 3
1) c = 14 cm 2) a = b = 21 cm

K **646**

Grundlinie	2 cm	3 cm	4 cm	5 cm	6 cm	8 cm	10 cm	12 cm
Höhe	12 cm	8 cm	6 cm	4,8 cm	4 cm	3 cm	2,4 cm	2 cm

Wähle zB: 1 cm ≙ 0,5 cm
Die Punkte liegen auf einer Kurve.

K **647** a) 1)

Faschiertes in kg	1	2	3	5	10	$\frac{1}{2}$	$\frac{1}{4}$	$\frac{3}{4}$	x
Preis in €	4,98	9,96	14,94	24,90	49,80	2,49	1,25 (1,245)	3,74 (3,735)	x · 4,98

2) zB: 1 € ≙ 2 mm, 1 kg ≙ 1 cm!
Die Punkte liegen auf einer Geraden.
3) 4,98

K **647** b) 1)

Schweinsschnitzel in kg	1	2	3	5	10	$\frac{1}{2}$	$\frac{1}{4}$	$\frac{3}{4}$	x
Preis in €	6,89	13,78	20,67	34,45	68,90	3,45 (3,445)	1,72 (1,722 5)	5,17 (5,167 5)	x · 6,89

2) Vergleiche mit Aufgabe a) 2)!
3) 6,89

c) 1)

Bananen in kg	1	2	3	5	10	$\frac{1}{2}$	$\frac{1}{4}$	$\frac{3}{4}$	x
Preis in €	1,79	3,58	5,37	8,95	17,90	0,90 (0,895)	0,45 (0,447 5)	1,34 (1,342 5)	x · 1,79

2) zB: 1 € ≙ 5 mm, 1 kg ≙ 1 cm!
Die Punkte liegen auf einer Geraden.
3) 1,79

d) 1)

Orangen in kg	1	2	3	5	10	$\frac{1}{2}$	$\frac{1}{4}$	$\frac{3}{4}$	x
Preis in €	0,86	1,72	2,58	4,30	8,60	0,43	0,22 (0,215)	0,65 (0,645)	x · 0,86

2) zB: 1 € ≙ 1 cm, 1 kg ≙ 1 cm!
Die Punkte liegen auf einer Geraden.
3) 0,86

648 1) Es werden 210 km eingespart.
2) Die Kostenersparnis beträgt rund 17,17 € (17,167 5).
3) Die Kosten können nach den Anteilen an km der einzelnen Teilnehmer für die tägliche Strecke aufgeteilt werden, also im Verhältnis 18 : 20 : 15 : 14.

649 Bill should get 224 000 €, Len 640 000 € and Kate 256 000 €.

K **650** Direkt proportional; Begründung: zB: Proportionalitätsfaktor ≈ 220 (Volt).
Oder: Die 10 Punkte liegen auf einer Geraden.

651 a) …, weil $\frac{F}{p} = A$ (konstant).
zB: Messung des hydrostatischen Drucks p: p und das den Druck verursachende Gewicht der Flüssigkeitssäule (bzw. die Tiefe) sind direkt proportional.
b) …, weil $p \cdot A = F$ (konstant).
zB: Drückt man einen Bleistift mit gleicher Kraft einmal mit der Spitze und ein zweites Mal mit dem flachen Ende gegen die Handfläche, so ist der Druck beim ersten Mal groß, beim zweiten Mal klein.

652 a) I wächst.
b) I wird kleiner.
c) I wächst auf das Dreifache.
d) Ja, bei konstantem R.
Wenn man in einem einfachen Stromkreis die Spannung U zB verdoppelt oder drittelt, so wird die Stromstärke I verdoppelt oder gedrittelt.

652 e) Ein indirekt proportionales Verhältnis.
Schaltet man bei konstanter Spannung U in einen einfachen Stromkreis einen kleinen Widerstand, so kann man eine große Stromstärke messen; schaltet man zB einen dreimal so großen Widerstand in den Stromkreis, so verkleinert sich die Stromstärke auf ein Drittel.

653 bis **662** Siehe Buch Seite 280!

K **663** a) 362,1 Millionen km^2 Wasserfläche und
147,9 Millionen km^2 Landfläche
b) Wasserfläche: 71 % ≙ 256°; Landfläche: 29 % ≙ 104°

664 Der Stimmenanteil muss um 7 % wachsen.

665 1) Das BZÖ hatte 0,27 Prozentpunkte Vorsprung vor den GRÜNEN.
2) Der Stimmenanteil des BZÖ war um 2,59 % (2,588…) größer.

666 1) Es wurden 290 209 (290 208,8…) gültige Stimmen abgegeben.
2) Bei der Landtagswahl 2008 wählten 52 066 (52 066,3…) Menschen die SPÖ.

667 1) 250 2) 200 3) 20 %
4) Kopfverletzungen: 25 % ≙ 90°;
tödliche Kopfverletzungen: 20 % ≙ 72°

668 1) Im alten Paket sind 3 kg Waschmittel.
2) Im neuen Paket sind 3,6 kg Waschmittel.

669

a) 1) 9,66 €	b) 1) 73,60 €	c) 1) 850 €	d) 1) 750,90 €	e) 1) 0,2 z €
2) 57,96 €	2) 441,60 €	2) 5 100€	2) 4 505,40 €	2) 1,2 z €

670

a) 1) 8,80 €	b) 1) 46 €	c) 1) 703,90 €	d) 1) 455,40 €	e) 1) $\frac{z}{6}$ €
2) 44 €	2) 230 €	2) 3 519,50 €	2) 2 277 €	2) $\frac{5z}{6}$ €

671 1) Der Computer kostet im Räumungsverkauf 580,80 €.
2) zB: Die 20 % Preisnachlass und die 20 % MWSt. werden von verschiedenen Grundwerten berechnet.

672 Das Angebot der Firma A (612,50 €) ist günstiger als jenes der Firma B (616,92 €).

673 1) The suit costs 321.60 € during the sale.
2) The suit at the sale is 4 % cheaper than the price ex VAT.

674 1) Der Teppich kostet gleich viel, denn
(1 820 € · 0,75) · 0,9 = (1 820 € · 0,9) · 0,75 = 1 228,50 €.
2) Nein, denn 1 820 € · 0,65 = 1 183 € ≠ (1 820 € · 0,75) · 0,9 = 1 228,50 €.

675 1) Endpreis: (x € · 0,75) · 0,9 = (x € · 0,9) · 0,75 = 0,675 · x €
2) Nein, denn 0,65 · x € ≠ 0,675 · x €.

676 Der ursprüngliche Preis des Fernsehgerätes war 687,50 €.

677 1) Es sind 10 124,10 € zu zahlen.
2) Familie Krombholz spart 525,90 €, das sind rund 4,9 % (4,93 …).

678 Der Gesamtbetrag beträgt 11 967,40 €.

679 a) 523,80 € c) 14,55 € (14,553) e) 2210,21 € (2210,208)
b) 14728,80 € d) 13,99 € (13,986)
Man kann auch in umgekehrter Reihenfolge, aufgrund des Vertauschungs- und Verbindungsgesetzes der Multiplikation, rechnen.

680 Der Verkaufspreis brutto beträgt:
a) 826,80 € b) 920,40 € c) (a € · 1,3) · 1,2 = (1,56 · a) €

681 The gross sale price including VAT is 4959 € (4958.97…)

682 a) 1) Handelsspanne: 0,75 €
2) Alkoholsteuer: 0,35 €, Mehrwertsteuer: 0,72 €
3) Verkaufspreis brutto: 4,32 €
b) V …Verkaufspreis brutto, E … Einstandspreis:
$V = (E \cdot 1{,}44) \cdot 1{,}20 \Rightarrow V = E \cdot 1{,}728$
c) S … Gesamtbetrag der Steuern, E … Einstandspreis:
$S = E \cdot 0{,}14 + (E \cdot 1{,}44) \cdot 0{,}20 \Rightarrow S = E \cdot 0{,}428$
d) V …Verkaufspreis brutto, E … Einstandspreis
$V = [(E \cdot 1{,}44) \cdot 1{,}20] \cdot 0{,}95 \Rightarrow V = E \cdot 1{,}6416$

683 Das sind 6 % Erhöhung.

684 a) Her monthly salary will raise by 45.43 €.
b) Her new salary is 1862.63 €.

685 Herr Gerhard hat 1615,77 € (1615,768...) vor der Lohnerhöhung bekommen.

686 Ab 1453 € ($1453{,}\overline{3}$)

687 Nach den Gehaltsverhandlungen ist Antonias Bruttogehalt 1869,56 € (1869,557), das von Benedikt 1874,15 € (1874,148…).

688 1) Christians Großvater hätte 1578,26 € (1578,256…) erhalten.
2) Vor der Erhöhung hatte die Großmutter 930,21 € erhalten.
3) Sie erhält 946,95 € (946,953…).
4) Die Erhöhung beträgt 16,74 €.
5) Die Witwenpension erhöht sich ebenso um 1,8 %.

689 Der Gewinn betrug 13500 €.

690 Herr Klug hatte 27744 € Verlust.

691 The Bauers participate in the company with 37.5 %.

692 1) a) zB: 1 Jahr ≙ 0,5 mm; 10 m³ ≙ 0,5 cm

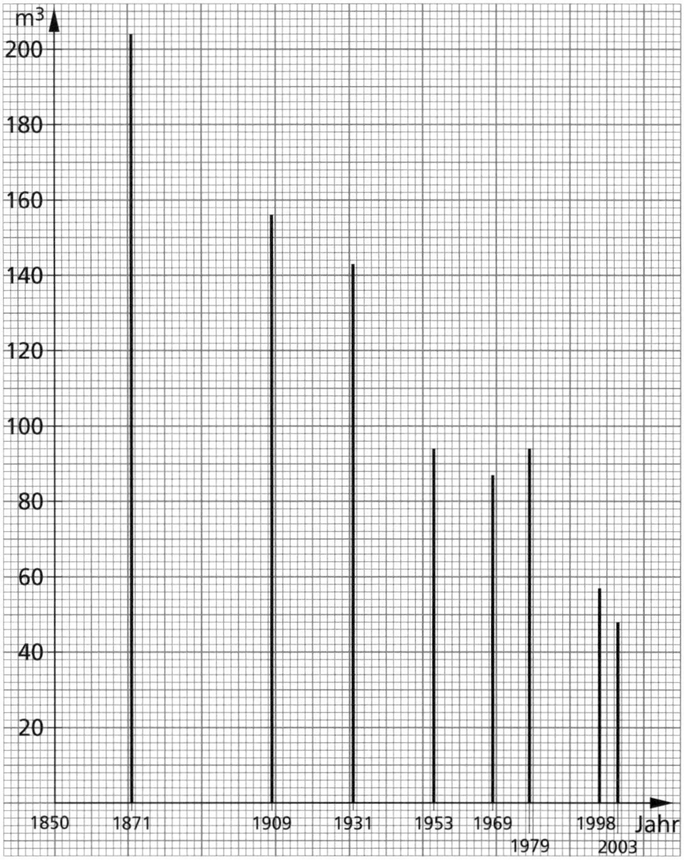

b) zB:
1 Jahr ≙ 0,5 mm;
1 m ≙ 1 mm

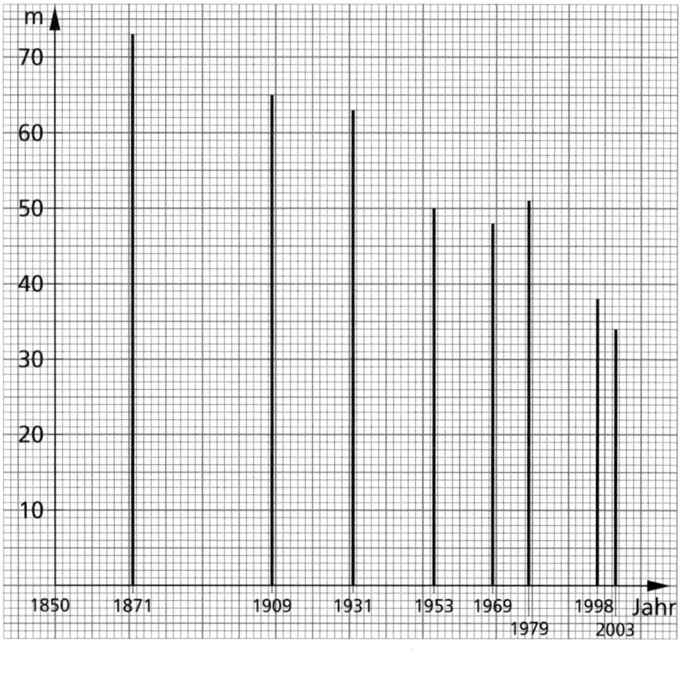

692 1) c) zB: 1 Jahr ≙ 0,5 mm; 500 m ≙ 1 cm

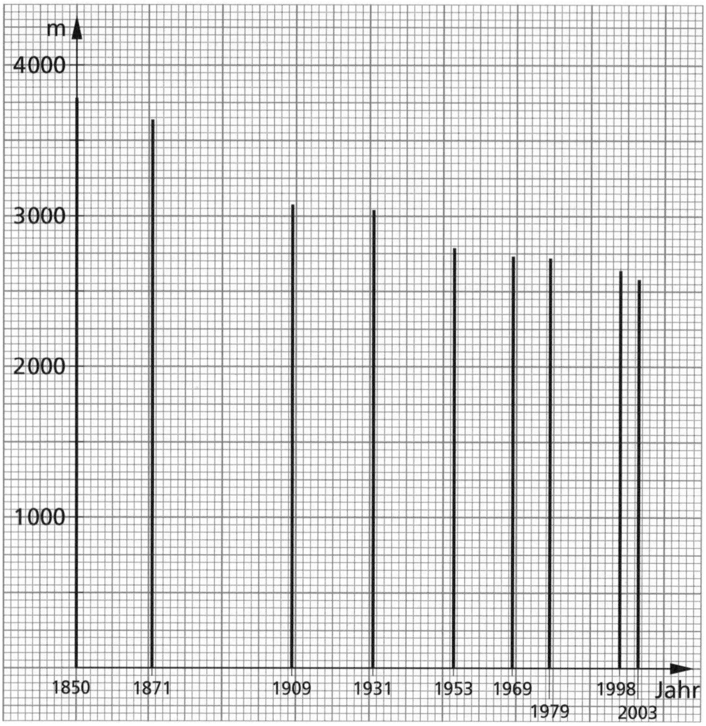

Der Rückgang des Gletschers erfolgte nicht gleichmäßig. Die Abnahme des Gletschers war in den Jahren 1871 – 1901, 1931 – 1953 und 1979 – 1988 besonders stark. Zwischen 1969 und 1979 nahm sowohl Gletschervolumen als auch die mittlere Eisdicke geringfügig zu.

2) a) –76,47 % (76,470…) b) –53,42 % (53,424…) c) –31,75 % (31,746…)

zB: Der Rückgang des Volumens drückt den Rückgang des Gletschers besonders dramatisch aus.

3) zB: Betrachtet man das Gletschervolumen, so wird es den Goldbergkees noch rund 40 Jahre geben.
Betrachtet man die mittler Eisdicke, so wird es den Goldbergkees noch rund 115 Jahre geben.
Betrachtet man die Gletscherlänge, so wird es den Goldbergkees noch rund 330 Jahre geben.

693 1) Ursprüngliche Fahrzeit: 1,89 h (1,888 …)
Neue Fahrzeit: 1,55 h (1,545 …)
Die Zeitersparnis beträgt rund 20 min (20,6 …).

2) Die Zeitersparnis beträgt rund 18 % (18,1…).

694 Diese Folgerung stimmt nicht:
Eine um 20 % höhere Geschwindigkeit ist das $\frac{6}{5}$fache der ursprünglichen Geschwindigkeit.
Dies bewirkt eine Verringerung der Fahrzeit auf das $\frac{5}{6}$fache der ursprünglichen Fahrzeit.
Die Verkürzung beträgt daher nur $\frac{1}{6}$ = 16,7 % (16,66 …) der ursprünglichen Fahrzeit.

Mit den Angaben der Anleitung gilt:
Ursprüngliche Fahrzeit: 1 h
Neue Fahrzeit: 0,5 h = 30 min
Die Zeitersparnis beträgt rund 30 min, also 50 %.

695 a) zB: Schätzung: 25 min bzw. 50 %
Ursprüngliche Fahrzeit: 0,83 h (0,833 …)
Neue Fahrzeit: 0,4 h
Die Zeitersparnis beträgt 26 min, das sind 52 %.
b) zB: Schätzung: 20 min bzw. 40 %
Ursprüngliche Fahrzeit: 0,83 h (0,833 …)
Neue Fahrzeit: 0,5 h
Die Zeitersparnis beträgt 20 min, das sind 40 %.

696

	Erhöhung der Geschwindigkeit	Neue Geschwindigkeit	Fahrzeit (gerundet)		Verringerung der Fahrzeit (gerundet)	
a)	20 %	120 km/h	0,83 h	50 min	10 min	16,7 %
b)	50 %	150 km/h	0,67 h	40 min	20 min	33,3 %
c)	100 %	200 km/h	0,5 h	30 min	30 min	50 %

697
a) 1) 3,96 € 2) 2,64 € 3) 5,94 €
b) 1) 39,60 € 2) 26,40 € 3) 59,40 €
c) 1) 21,24 € 2) 14,16 € 3) 31,86 €
d) 1) 22,68 € 2) 15,12 € 3) 34,02 €
e) 1) 53,40 € 2) 35,60 € 3) 80,10 €

698 The annual interests are 225 €.

699
a) 2 € c) 6 € e) 99,23 € (99,225) g) $a \cdot \frac{p}{100} \cdot \frac{m}{12}$ €
b) 3 € d) 12,13 € (12,127 5) f) 82,50 €

K **700**
1) 1 Monat: 4 €, 3 Monate: 12 €, 5 Monate: 20 €
2) Die Endpunkte der Stäbe liegen auf einer Geraden.
1 Monat: 4 €, 2 Monate: 8 €, 3 Monate: 12 €, 4 Monate: 16 €,
5 Monate: 20 €, 6 Monate: 24 €, 7 Monate: 28 €, 8 Monate: 32 €,
9 Monate: 36 €, 10 Monate: 40 €, 11 Monate: 44 €, 12 Monate: 48 €
3) Die beiden Größen stehen im direkten Verhältnis.

701

Monate	Zinsen
1	18,60 €
2	37,20 €
3	55,80 €
4	74,40 €
5	93,00 €
6	111,60 €
7	130,20 €
8	148,80 €
9	167,40 €
10	186,00 €

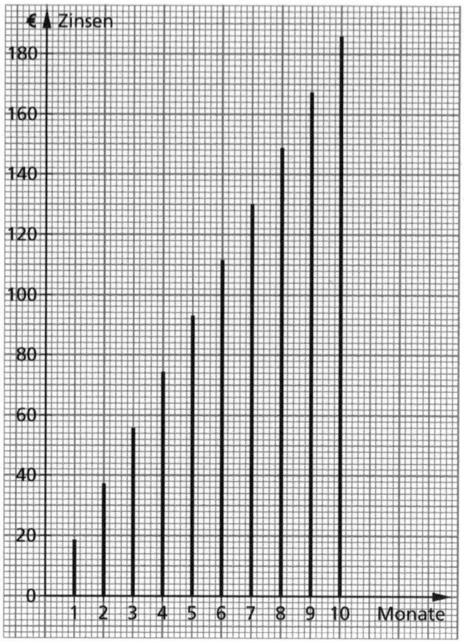

702 a) 14,25 € b) 28,20 € c) 36,75 € d) 49,50 € e) 52,50 €

703 a) 5.25 € d) 13.80 € (13.795 …) f) 50.88 € (50.881 …)
b) 3.80 € e) 3.46 € (3.459 …) g) 692.71 € (692.708 …)
c) 17.55 €

704 1)

Tage	Zinsen
10	10 €
20	20 €
30	30 €
40	40 €
50	50 €
60	60 €
70	70 €
80	80 €
90	90 €
100	100 €

2)

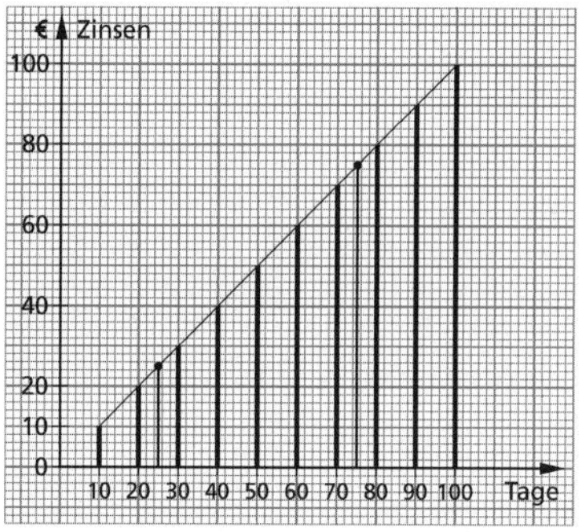

3) 25 € bzw 75 €
4) 25 € bzw 75 €, die Ergebnisse sind gleich.

705 a) 489,23 € (489,232...) c) 5 952,01 € (5 920,010...)
b) 1 379,10 € (1 379, 104...) d) 863,97 € (863,968…)

706 a) 1) $K_0 = \frac{100 \cdot Z}{p}$ 2) $p = \frac{100 \cdot Z}{K_0}$

b) 1) $K_0 = \frac{1200 \cdot Z}{p \cdot m}$ 2) $p = \frac{1200 \cdot Z}{K_0 \cdot m}$

c) 1) $K_0 = \frac{36000 \cdot Z}{p \cdot t}$ 2) $p = \frac{36000 \cdot Z}{K_0 \cdot t}$

707 a) 4250 € b) 2400 €

708 a) 2500 € b) 62338 € (62337,6 ...)

709 a) ≈ 3 Monate (2,94) d) ≈ 8 Monate (7,668)
b) ≈ 10 Monate (10,161) e) ≈ 2 Monate (2,226)
c) ≈ 1 Monat (1,2984)

710 a) in 150 Tagen c) in 90 Tagen e) in 240 Tagen
b) in 300 Tagen d) in 180 Tagen

711 a) 4 % b) 3 %

712 Herr Köhler nimmt jährlich 107,70 € ein.

713 The interests are 15.33 € (15.333...) respectively 14.40 €.

714 Frau Adam muss insgesamt 4154,35 € zurückzahlen.

715 a) 1) 13596 € 2) 233,40 € (233,398...)
b) 1) 27057 € 2) 461,49 € (461,493...)
c) 1) 8500 € 2) 141,45 € (141,453...)

716 a) Herr Christian bekommt 43965 € ausbezahlt.
b) Herr Christian muss 47718,75 € zurückzahlen.

717 a) 3888 € b) 1) 280 € 2) 154 €

718 1) 5000 € 2) 5243,75 €

719 a) p_{netto} % = 1,5 %; Z_{netto} = 10,71 € (10,708...)
b) p_{netto} % = 2,0625 %; Z_{netto} = 28,65 € (28,645...)
c) p_{netto} % = 4,125 %; Z_{netto} = 239,48 € (239,479...)

720 1) 47.25 € 2) 1847.25 €

721 a) 859,30 € (859,296...)
b) 2466,45 €
c) 5217,94 € (5217,937...)

722 1) 204,52 € (204,534...) 2) 204,50 €; die Zinsen sind niedriger.

723 1) 22.50 € 2) 16.88 € (16.875...)

724 a) 556,74 € (556,743...) b) 569,27 € (569,270...)

725 a) p_{netto} % = 3 %; K_0 = 7667 € (7666,6...)
b) p_{netto} % = 2,625 %; K_0 = 4571 € (4571,4...)
c) p_{netto} % = 1,875 %; K_0 = 4571 € (4571,4...)

726 a) p_{netto} % = 3,375 %; K_0 = 484 € (483,6...)
b) p_{netto} % = 2,625 %; K_0 = 974 € (974,4...)

727 $Z_{netto} = K_0\left(1 + \frac{p_{netto}}{100}\right)^n - K_0$

728 a) 1) 772,50 € 2) 22,50 €
b) 1) 795,68 € (795,675) 2) 45,68 € (45,675)
c) 1) 819,55 € (819,545...) 2) 69,55 € (69,545...)
d) 1) 869,46 € (869,455...) 2) 119,46 € (119,455...)

729 p_{netto} % = 2,8125 %; K_2 = 529 € (528,5…); K_4 = 1087 € (1087,1…)

730 p_{netto} % = 2,625 %;
K_2 = 5792 € (5792,5…); K_3 = 8510 € (8510,2…); K_5 = 10543 € (10542,6…)

731 p_{netto} % = 2,25 %;
K_2 = 3137 € (3136,5…); K_4 = 1816 € (1815,5…); K_6 = 1280 € (1280,1…)

732 a) 2117,69 € (2117,690…)
b) 2318,49 € (2318,486…)
c) 3587,69 € (3587,688…)
d) 5453,49 € (5453,493…)
e) 14257,71 € (14257,707…)

733 p_{netto} % = 3 %
Sie müssen mindestens 943 € (942,5 …) einzahlen.

734 a) p_{netto} % = 3 %; nach 7 Jahren

735 a) p_{netto} % = 3,75 %; nach 12 Jahren
b) p_{netto} % = 3,75 %; nach 19 Jahren
c) p_{netto} % = 3,75 %; nach 30 Jahren
d) p_{netto} % = 3,75 %; nach 38 Jahren

736 a) p_{netto} % = 2,625 %; nach 27 Jahren
b) p_{netto} % = 3 %; nach 24 Jahren
c) p_{netto} % = 3,375 %; nach 21 Jahren
d) p_{netto} % = 3,75 %; nach 19 Jahren

737 A: $10000 \cdot 2^{10}$, da q = 2
B: $10000 \cdot 1{,}02^{10}$, da q = 1,02
C: $10000 \cdot 0{,}98^{10}$, da q = 0,98

738 zB: a) Ein Algenteppich vergrößert sich monatlich um 30 %.
Berechne die Größe des Algenteppichs nach 10 Monaten, wenn die Größe zu Beginn 180 m^2 betragen hat.
b) Ein Guthaben von 400000 € wird zu 5 % p.a. verzinst.
Berechne den Guthabenstand nach 8 Jahren Laufzeit.
c) Ein Wurm verdoppelt seine Länge täglich.
Berechne die Länge des Wurms nach 35 Tagen, wenn dieser zu Beginn der Messung 0,3 mm war.
d) Die jährliche Inflationsrate beträgt 3 %.
Berechne den inflationsbereinigten Wert von 1000 € in 12 Jahren.

739 a) 8000 b) 64000 c) 32768000

740 Nach 4 Jahren ist der Waldbestand auf 168826 m^3 (168826,3…) angewachsen.

741 1) a) ≈ 172,1 Mio Festmeter (172,10…)
b) ≈ 182,6 Mio Festmeter (182,58…)
c) ≈ 211,7 Mio Festmeter (211,66…)
2) a) ≈ 164,4 Mio Festmeter (164,37…)
b) ≈ 169,3 Mio Festmeter (169,31…)
c) ≈ 183,0 Mio Festmeter (183,00…)

742 1) ≈ 508 ha (508,2…) 2) ≈ 398 ha (398,2…)

743 Das Auto konnte um rund 9970 € (9968,4…) verkauft werden.

744 1) 810° 2) 590° (590,49) 3) 349° (348,6…)

745 $I_d = I_0 \cdot 0{,}98^d$

746 1) Die Bevölkerungszahl Wiens wird 1,973 Mio (1,9727...) betragen.
2) Der Bevölkerungszuwachs beträgt 17,5 % (17,49...)

747 a) 1) 8,8 Mrd. Menschen (8,784)
2) 10,5 Mrd. Menschen (10,54...)
3) 15,2 Mrd. Menschen (15,17...)

b)

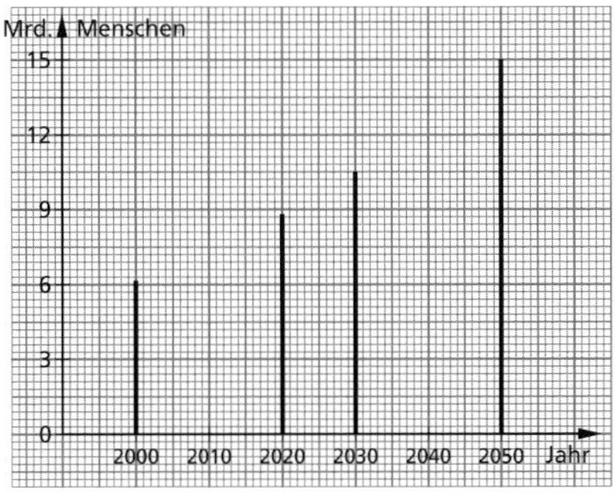

748 1) 1,37 Mrd. Menschen (1,365...)
2) 1,52 Mrd. Menschen (1,515...)
3) 1,68 Mrd. Menschen (1,681...)

749 bis **756** Siehe Buch Seite 280!

757 1)

Deutsch Sehr Gut	Studenten	Studentinnen	insgesamt
Ja	22,5 % (22,47...)	28,5 % (28,47...)	24,3 % (24,32...)
Nein	77,5 % (77,52...)	71,5 % (71,52...)	75,7 % (75,67...)

2) zB: Studentinnen schneiden bei der Deutsch-Matura häufiger mit Sehr Gut ab als Studenten.

758 1)

English best grade	male students	female students	total
yes	25.8 % (25.82...)	23.6 % ($23.\overline{61}$)	25.1 % (25.11...)
no	74.2 % (74.17...)	76.4 % ($76.\overline{38}$)	74.9 % (74.88...)

2) Male students are a bit better than female students.

759 a) Rund 36,6 % (36,61...) der Passagiere haben das Schiffsunglück überlebt.
b) Der relative Anteil der überlebenden Frauen war mit 67,0 % (66,96...) wesentlich höher als der der überlebenden Männer mit 33,0 % (33,03...).
c) 1. Klasse: 61,8 % (61,75...)
2. Klasse: 36,0 % (36,01...)
3. Klasse: 24,1 % (24,08...)
Passagiere der 1. Klasse wurden bei der Rettung bevorzugt behandelt.

760 Vergleicht mit Aufgabe 757!

761 1)

Mathematik Maturanote	Studenten	Studentinnen
1	25,5 % (25,52...)	30,8 % (30,76...)
2	27,8 % (27,78...)	28,2 % (28,20...)
3	28,9 % (28,91...)	23,1 % (23,07...)
4	17,8 % (17,77...)	17,9 % (17,94...)

zB: Weibliche Studierende haben bessere Noten in Mathematik

2) zB: Beide Tabellen lassen diesselbe Aussage zu.

762 1)

Deutsch Maturanote	Studenten	Studentinnen
1	22,5 % (22,47...)	28,5 % (28,47...)
2	27,6 % (27,60...)	26,4 % (26,44...)
3	32,6 % (32,57...)	28,8 % (28,81...)
4	17,3 % (17,34...)	16,3 % (16,27...)

zB: Abgesehen von der Note Sehr Gut hatten die männlichen Studierenden die besseren Noten bei der Deutsch-Matura.

2) Bei der Note Sehr Gut sind weibliche Studierende sowohl in Deutsch und Mathematik öfter vertreten.

763 1) Raucher: 33,5 % (33,51...) Nichtraucher: 66,5 % (66,48...)

2) Studierende rauchen häufiger (≈ 58,4 %), wenn ihre Eltern Nichtraucher sind, als wenn ihre Eltern rauchen (≈ 41,6 %).

3) Eine Antiraucherkampagne müsste sich an die Studierenden mit nicht rauchenden Eltern wenden.

764 1) Der Anteil von rauchenden Studenten (≈ 34 %) ist geringfügig höher als der rauchender Studentinnen (≈ 32,3 %).

2) Rauchende Studentinnen sind stärker (≈ 58,1 %) vom Rauchverhalten ihrer Eltern geprägt als rauchende Studenten (≈ 34,8 %).

3) Bei den Studentinnen, deren Eltern nicht rauchen, ist der Raucheranteil höher als in allen anderen Gruppen. Aufklärende Maßnahmen wären für diese Gruppe daher besonders wichtig.

765 a) Die befragten Studenten sind im Mittel etwa 180,6 cm (180,61...) groß.

b) Die befragten Studierenden sind im Mittel etwas 176,5 cm (176,53...) groß.

766 Vergleicht mit Aufgabe 765!

767 1) Bei 5 Klassen ergibt sich eine gerundete Klassenbreite von 18, bei 20 Klassen von 4,5. Eine Klassenbreite von 5 ist daher sinnvoll. Die erhobenen Werte sind alle auf ganze Kilogramm angegeben. Es ist also sinnvoll die Klassengrenzen jeweils dazwischen zu legen.

ZB: 34,5-39,5; 39,5-44,5; 44,5-49,5; ...; 114,5-119,5; 119,5-124,5; 124,5-129,5

2) 37 kg, 42 kg, 47 kg, 52 kg, 57 kg, 62 kg, 67 kg, ..., 112 kg, 117 kg, 122 kg, 127 kg

768 1) 0 € – 10 €, 10 € – 20 €, 20 € – 30 €, 30 € – 40 € 2) 5 €, 15 €, 25 €, 35 €

769 Vergleicht mit dem Beispiel im Buch, Seite 162!

770 Vergleicht mit dem Beispiel im Buch, Seite 162!

771 a) Untersucht man Personen mit geringem Altersunterschied, ist eine Klasseneinteilung nicht notwendig. Kreuztabellen sind geeignet.

b) Untersucht man das Taschengeld von Geschwistern in einer großen Gruppe, ist eine Klasseneinteilung notwendig. Kreuztabellen können geeignet sein.

c) Eine Klasseneinteilung ist nicht möglich, weil die Haarfarbe kein quantitatives Merkmal ist. Kreuztabellen sind geeignet.

772 a)

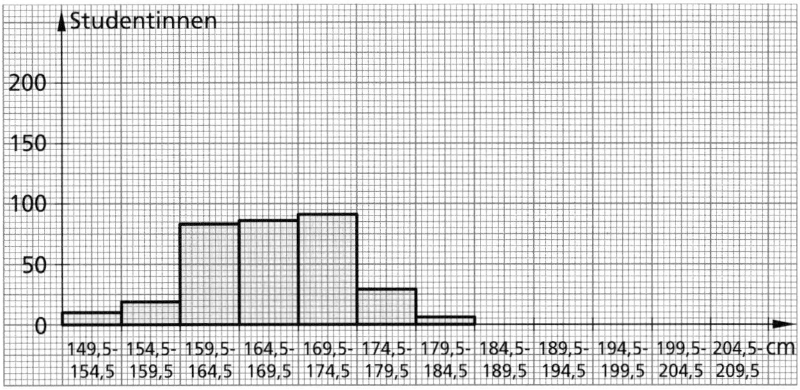

b)

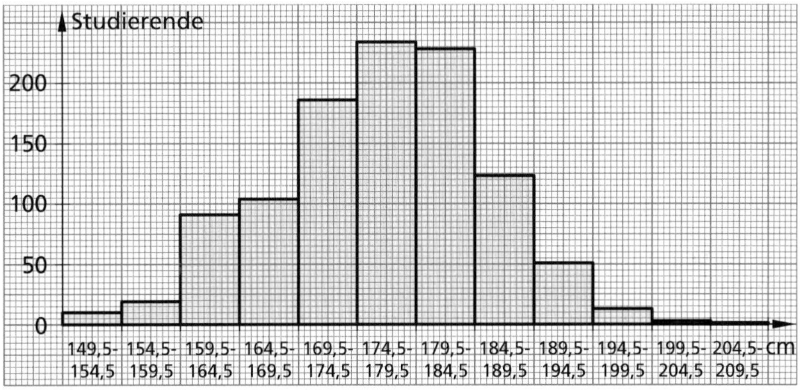

773 Vergleicht mit Aufgabe 772!

774 Vergleicht mit Aufgabe 772!

775

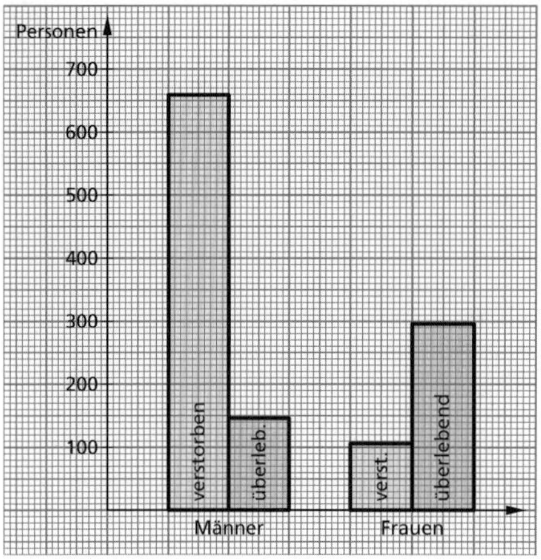

776 Arbeitet genau!

777
1) Rechts unten
2) Links oben
3) Rechts oben
4) Auf einer Geraden durch (150|150) und (180|180).

778
a) Die Tochter wird schätzungsweise 169 cm groß sein, weil die bekannten Körpergrößen von Töchtern mit im Mittel 175 cm großen Eltern zwischen 160 cm und 178 cm liegen.
b) Der Sohn wird schätzungsweise 185 cm groß sein, weil die bekannten Körpergrößen zwischen 175 cm und 195 cm liegen.

779 1) bis 3) zB: Je größer die Studierenden sind, desto größer sind auch ihre Schuhgrößen.

780
a) ♂: 40 – 43, ♀: 37 – 40

b) ♂: 39, ♀: 35 – 38

c) ♂: 41 – 46, ♀: 41

d) ♂: 42 – 47, ♀: keine Werte vorhanden.

781
1) ungefähr Größe 42.
2) Bei dieser Größe wird es sich eher um einen Mann handeln.
3) Ja, da Frauen mit dieser Größe lt. dem Diagramm Größe 42 nicht vorkommen.

782
a) 1) ≈ 170 cm 2) female c) 1) ≈ 160 cm 2) female
b) 1) ≈ 175 cm 2) male d) 1) ≈ 185 cm 2) male

783
1) Ja, da die einzelnen Punkte sehr eng beisammen liegen.
2) a) ≈ 25 % b) ≈ 14 %

784
a) Der Film hat älteren Kinobesuchern (≈ 58 %) besser gefallen als jüngeren Kinobesuchern (≈ 51,8 %).
b) Der Film hat Frauen (≈ 59,8 %) besser gefallen als Männern (≈ 47,8 %), wobei der Unterschied in der älteren Besuchergruppe größer war.

785 Arbeitet genau!

786 zB:

Fettgehalt	verkaufte Gerichte
5 – 10 g	230
10 – 15 g	311
15 – 20 g	154
20 – 25 g	819
25 – 30 g	1 502
30 – 35 g	326
35 – 40 g	621
40 – 45 g	477
45 – 50 g	329

Der durchschnittliche Fettgehalt der Portionen, die an diesem Tag verkauft wurden, lag bei 29 g (28,8…).

787 1)

Fichtenhöhenklassen	Anzahl
139,5 cm – 159,5 cm	5
159,5 cm – 179,5 cm	20
179,5 cm – 199,5 cm	16
199,5 cm – 219,5 cm	9

2) Wähle zB für die Klassenbreite 1 cm und 1 Fichte ≙ 3 mm!
3) 181,1 cm

K **788** 1) Wähle die Gewichtsklassen zB: 0,25 kg – 2,25 kg, …
2) Wähle zB für die Klassenbreite 5 mm und 1 Paket ≙ 3 mm!
3) Das Porto betrug 361,90 €.

K **789** 1) Wähle zB für die Klassenbreite 1 cm und 1 Paket ≙ 1 mm!
2) Das Porto betrug 941,10 €.
3) Dieses Versandhaus versendet eher schwerere Pakete.

790 bis **793** Siehe Buch Seite 281!

794 a) … Rechteck mit Diagonale.
b) … rechtwinkliges Dreieck mit der Höhe auf die Hypotenuse.
c) … Dreieck mit den 3 Schwerlinien.
d) … Rhombus mit Inkreis.
e) … Kreis mit eingeschriebenem regelmäßigem Sechseck.
f) … Kreis mit Kreissektor und zugehöriger Kreissehne.
g) … Deltoid mit den beiden Diagonalen.
h) … Zwei parallele Gerade werden von einer dritten im rechten Winkel geschnitten.
i) … Kreis mit einer Sekante (g) und einer Passante (h).
j) … Quader mit einem Diagonalschnitt.
k) … regelmäßiges sechsseitiges Prisma mit Mantelfläche.
l) … Netz eines „oben" offenen Quaders.

K **795** 1), 2) Vergiss nicht, die Radien, die normal auf die Tangenten stehen, zuerst zu zeichnen!

796 $\alpha = 30°$

797 zB: **a)**

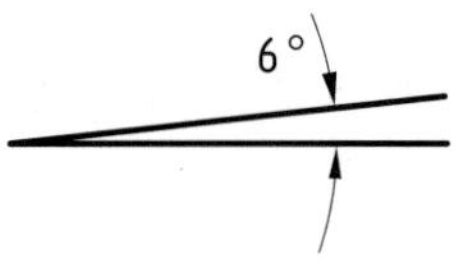

Fehler: −4°

b)

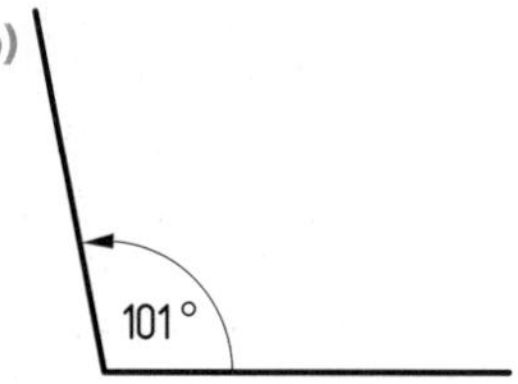

Fehler: +1°

797 zB: **c)**

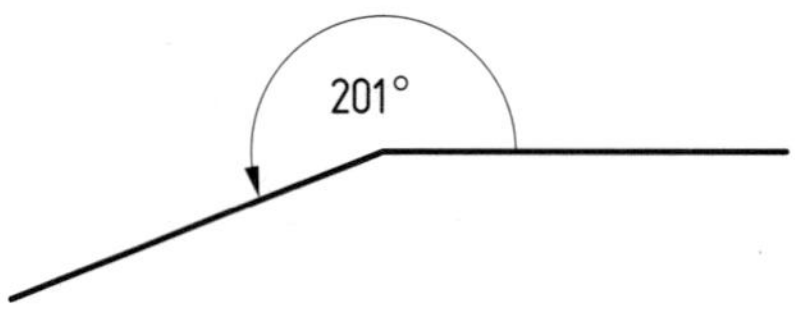

Fehler: +1°

d)

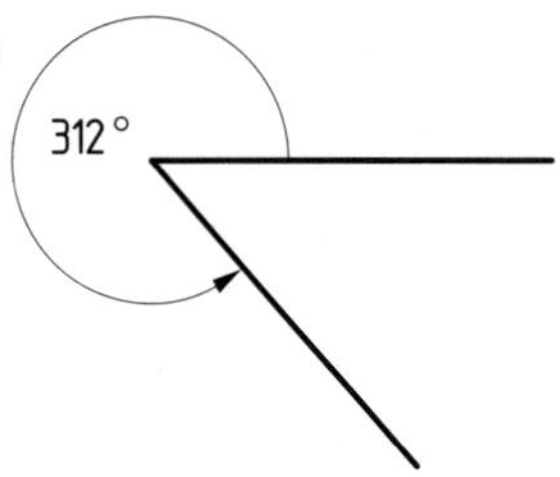

Fehler: +12°

798 **1)** $\delta = \sphericalangle\, gk$, $\varepsilon = \sphericalangle\, gh$, $\omega = \sphericalangle\, hk$ **2)** $\delta = \sphericalangle\, QPR$, $\varepsilon = \sphericalangle\, PQR$, $\omega \sphericalangle\, QRP$

K **799** **1)** $\sphericalangle\, BAC \approx 36°$ **2)** $\sphericalangle\, CAD \approx 54°$ **3)** $\sphericalangle\, BDA \approx 54°$ **4)** $\sphericalangle\, AMD \approx 72°$

800

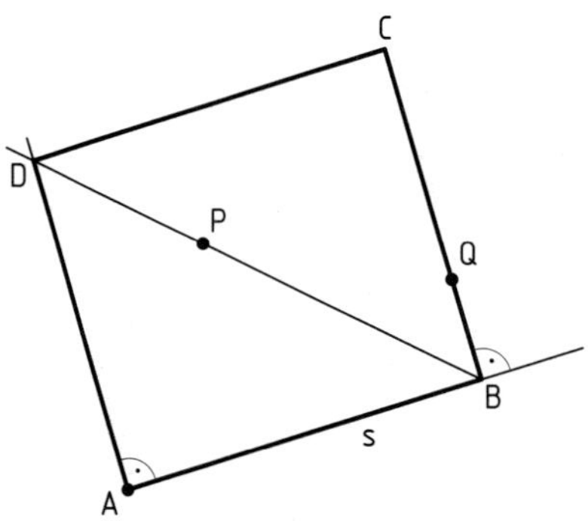

801 $\alpha = 35°$; Eigenschaft der Parallelwinkel
$\beta = 100°$; Ein Außenwinkel in einem Dreieck ist so groß wie die Summe der beiden nicht anliegenden Innenwinkel.
$\gamma = 65°$; Eigenschaft der Parallelwinkel

K **802** **1)** Alle drei Winkel müssen kleiner als 90° sein.
2) P ist der Schnittpunkt der drei Streckensymmetralen.
3), 4) P heißt Umkreismittelpunkt des Dreiecks XYZ.

K **803** **1)** Alle drei Winkel müssen kleiner als 90° sein.
2) Q ist der Schnittpunkt der drei Winkelsymmetralen.
3), 4) Q heißt der Inkreismittelpunkt des Dreiecks KLM.

804 Die Summe beträgt 360°.

805 zB: a) 1) $a = 3{,}0$ m; $b = 5{,}0$ m; $c = 4{,}0$ m
$A = (a + b) \cdot c = a \cdot c + b \cdot c$
2) $A = (3{,}0 + 5{,}0) \cdot 4{,}0 = 3{,}0 \cdot 4{,}0 + 5{,}0 \cdot 4{,}0 \Rightarrow A = 32\ m^2$
b) 1) $x = 2{,}4$ m; $y = 1{,}8$ m; $z = 3{,}3$ m
$A = (z - y) \cdot x + x \cdot y = x \cdot z$
2) $A = (3{,}3 - 1{,}8) \cdot 2{,}4 + 2{,}4 \cdot 1{,}8 = 2{,}4 \cdot 3{,}3 \Rightarrow A = 7{,}9\ m^2$ (7,92)
c) 1) $a = 8{,}0$ m; $b = 6{,}0$ m; $c = 4{,}0$ m
$A = (a + b) \cdot (c + b) = a \cdot c + b \cdot c + a \cdot b + b^2$
2) $A = (8{,}0 + 6{,}0) \cdot (4{,}0 + 6{,}0) = 8{,}0 \cdot 4{,}0 + 6{,}0 \cdot 4{,}0 + 8{,}0 \cdot 6{,}0 + 6{,}0^2 \Rightarrow A = 140\ m^2$

806 a) $A_2 - A_1 = (x + z) \cdot y - x \cdot y = y \cdot z$
b) 1) A verdoppelt sich. 2) A vergrößert sich um y2. 3) A wird um die Hälfte größer.

K **807** a) $b = 12{,}0$ cm; $A = 30\ cm^2$
b) $b = 9{,}5$ cm; $A = 38\ cm^2$
c) $A = 25\ cm^2$ (Viertelquadratfläche)

K **808** 1) $c = 8.0$ cm 2) $A = 15.81\ cm^2$ 3) $u = 19.3$ cm

K **809** a) 12,5 m ≙ 6,3 cm (6,25); 16,4 m ≙ 8,2 cm b) $A = 181\ m^2$ (180,625)

810 zB: a = 2 cm, b = 40 cm ; a = 5 cm, b = 16 cm ; a = 4 cm, b = 20 cm

811 1) Es gilt zB: 72,5 m ≤ 73 m ≤ 73,4 m; 45,5 m ≤ 46 m ≤ 46,4 m
2) $3\,298{,}75\ m^2 \leq 3\,358\ m^2 \leq 3\,405{,}76\ m^2$
3) 98 962,50 € bzw. 102 172,80 €; Preisunterschied: 3 210,30 €

K **812** 1) $d = 9.1$ cm 2) $u = 25.2$ cm, $A = 38\ cm^2$

813 a)

Raum 1: $u = 2b + 2 \cdot (a - c - d)$;	$A = b \cdot (a - c - d)$
Raum 2: $u = 2d + 2b$;	$A = b \cdot d$
Raum 3: $u = 2 \cdot (c + b)$;	$A = b \cdot c$
Raum 4: $u = 2b + 2 \cdot (a - c)$;	$A = (a - c) \cdot b$
Raum 5: $u = 2 \cdot (b + c)$;	$A = b \cdot c$
Gesamte Wohnung: $u = 2 \cdot (a + c)$;	$A = a \cdot c$

b) 1) Raum 3 und Raum 5 2) Raum 4
c) Raum 2: $17{,}64\ m^2 \leq A \leq 19{,}89\ m^2$ Raum 3: $25{,}92\ m^2 \leq A \leq 30{,}42\ m^2$

K **814** a) A(−1|−2), B(1|−2), C(1|1), D(2|1), E(0|3), F(−2|1), G(−1|1)
b) H(−2|2), I(−1|−2), J(0|−0,5), K(1|−2), L(2|2)
c) M(0,5|−2), N(2|−0,5), P(1,5|0), Q(2|0,5), R(0,5|2), S(0|1,5), T(−0,5|2), U(−2|0,5), V(−1,5|0), W(−2|−0,5), X(−0,5|−2), Y(0|−1,5)

K **815** $\alpha = 47°$, $\beta = 50°$, $\gamma = 83°$

K **816** a) ∢ ABC = 17° b) ∢ BCA = 117° c) ∢ CAB = 46°

K **817** a) Rechteck b) Strecke c) Quadrat d) Deltoid

K **818** a) Deltoid b) gleichschenkliges Trapez

K **819** a) D(−2|4); A_1(0|1), B_1(3|−1), C_1(1|−4), D_1(−2|−2)
b) D(3|3); A_1(−1|−1), B_1(1|−3), C_1(−2|−6), D_1(−4|−4)

K **820** a) H(−1|3), S(−0,3|4,3), U(0|5)
b) H(2|2), S(0|−0,7), U(−1|−2)
c) H(0,5|4,5), S(−1,2|−2,2), U(−2|−5,5)
d) H(1|−1), S(−2,3|1,7), U(−4|3)

K 821 a) $I(5|4)$, $\rho = 3{,}2$ cm
b) $I(-0{,}2|-1{,}2)$, $\rho = 2{,}7$ cm
c) $I(-4|2)$, $\rho = 3{,}2$ cm
d) $I(-1{,}9|-1{,}1)$, $\rho = 2{,}8$ cm

K 822 1) $U(1.5|0.2)$ 2) $I(3.3|0.6)$ 3) $S(2.7|0.3)$ 4) $H(5.1|0.4)$

K 823 a) 2) $P(0|2{,}8)$, $Q(0|-2{,}8)$ 3) $S(8|0)$
b) 2) $P(0|3)$, $Q(0|-5)$ 3) $S(-5{,}3|-1)$
c) 2) $P(0|6{,}5)$, $Q(0|-0{,}5)$ 3) $S(6|3)$

K 824 a) $S(-7|1)$ b) $S(0|5)$

K 825 a) $S_1(-5{,}6|1{,}2)$, $S_2(0{,}2|6{,}3)$
b) $S_1(-1{,}4|-3{,}8)$, $S_2(4|1{,}8)$

K 826 2) $S_1(-1{,}4|-3{,}8)$, $S_2(3{,}9|-1{,}8)$
4) 75°
5) Die Schnittpunkte S_1, S_2 und die Tangenten liegen symmetrisch zur Geraden M_1M_2.

K 827 2) $P(1{,}8|5{,}1)$, $Q(5{,}6|-2{,}4)$ 4) $\sphericalangle APQ = 47°$, $\sphericalangle BQP = 12°$
3) $\overline{PQ} = 8{,}4$ cm $\triangleq$ 840 m 5) 510 m

K 828 1) 1 : 1000 3) 59 m
2) $P(6{,}3|5{,}9)$ 4) $\overline{AP} = 79$ m, $\overline{BP} = 59$ m

K 829 1) 1 : 5000 3) $\overline{PQ} = 5{,}6$ cm $\triangleq$ 280 m
2) $P(5{,}1|1{,}7)$, $Q(1{,}9|-2{,}9)$ 4) 55°

830 a) 513 mm² b) 10,4 cm² (10,44) c) 1590 mm² (1591)

K 831 a) 1) Zeichne genau!
2) $h_a \approx 4{,}2$ cm; $h_b \approx 6{,}3$ cm
3) $A \approx 30{,}7$ cm² (30,66) bzw. $A \approx 30{,}2$ cm² (30,24)
4) … wegen der Messungenauigkeit: $A \approx 30{,}5$ cm² (30,45)
b) 1) Beachte: e ist die Diagonale AC!
2) $h_a \approx 3{,}3$ cm; $h_b \approx 5{,}2$ cm
3) $A \approx 25{,}7$ cm² (25,74) bzw. $A \approx 26$ cm²
4) … wegen der Messungenauigkeit: $A \approx 25{,}9$ cm² (25,87)
c) 1) Beachte: f ist die Diagonale BD!
2) $h_a \approx 4{,}7$ cm; $h_b \approx 5{,}7$ cm
3) $A \approx 31{,}5$ cm² (31,49) bzw. $A \approx 31{,}9$ cm² (31,92)
4) … wegen der Messungenauigkeit: $A \approx 31{,}7$ cm² (31,7 …)
d) 1) Dieses Parallelogramm ist ein Rhombus!
2) $h_a = h_b \approx 5{,}2$ cm
3) $A \approx 28{,}1$ cm² (28,08) bzw. $A \approx 28{,}1$ cm² (28,08)
4) Da $a = b$ und $h_a = h_b$, stimmen die Werte aus 3) überein!

832 Die Breite beträgt 68,4 m.

833 zB: …, weil beide dieselbe Seitenlänge a und dieselbe zugehörige Höhe h_a haben.

K 834 a) 1) $D(-2|2)$ 2) $A = 12$ cm²
b) 1) $D(-7{,}5|0{,}5)$ 2) $A = 45$ cm²

K **835** 1. Lösung: $C_1(8|4)$, $D_1(3|4)$
2. Lösung: $C_2(2|4)$, $D_2(-3|4)$

K **836** zB: $A(0|0)$, $B(2|0)$, $C(7|6)$, $D(5|6)$; $A = 12\ cm^2$

837 Der Flächeninhalt beträgt 3608 m^2.

838 a) $h_a = 20$ mm b) $h_b = 6{,}0$ cm c) $h_a = \frac{x}{y}$ cm

839 a) $a = 50$ dm b) $b = 5{,}9$ dm c) $b = \frac{r}{s}$ cm

K **840** 1) Vergleiche mit dem Beispiel im Buch!
a) 2) $A = 13\ cm^2$ (13,25) 3) $h_b = 4{,}7$ cm (4,73...)
b) 2) $A = 9{,}7\ cm^2$ (9,66) 3) $h_a = 2{,}1$ cm (2,05...)
c) 2) $A = 14\ cm^2$ (14,19) 3) $h_b = 2{,}5$ cm (2,53...)
d) 2) $A = 19\ cm^2$ (19,24) 3) $h_b = 3{,}7$ cm

K **841** $a = 8$ cm

842 a) 490 mm^2 c) 0,12 m^2 (0,1248) e) 6,70 dm^2 (6,695)
b) 11 cm^2 (10,71) d) 20 cm^2 (19,89) f) 8,27 m^2 (8,268)

843 The area is 22 cm^2 (22.265).

844 Anwendung des Verbindungs- und Vertauschungsgesetzes.
Man verwendet eine der letzten beiden Schreibweisen, wenn entweder c oder h_c durch 2 teilbar ist.

K **845** a) $c \approx 8{,}1$ cm; $h_c \approx 3{,}5$ cm 1) 14 cm^2 2) 14 cm^2 (14,175)
b) Das genauere Resultat liefert die Formel 1), weil a und b bereits gegeben sind, während bei der Ermittlung von c bzw. h_c Messungenauigkeiten auftreten können.

K **846** a) 2) $h_a \approx 10{,}8$ cm; $h_b \approx 6{,}9$ cm; $h_c \approx 6{,}3$ cm
3) 37,8 cm^2 bzw. 37,95 cm^2 bzw. 37,8 cm^2
5) $A \approx 38\ cm^2$ (37,85)
b) 2) $h_a \approx 6{,}5$ cm; $h_b \approx 5{,}8$ cm; $h_c \approx 3{,}9$ cm
3) 19,5 cm^2 bzw. 19,43 cm^2 bzw. 19,5 cm^2
5) $A \approx 19\ cm^2$ (19,4...)
c) 2) $h_a \approx 46$ mm; $h_b \approx 26$ mm; $h_c \approx 49$ mm
3) 1449 mm^2 bzw. 1430 mm^2 bzw. 1445,5 mm^2
5) $A \approx 1400\ mm^2$ (1441,5)
d) 2) $h_a = h_b \approx 6{,}6$ cm; $h_c \approx 8{,}4$ cm
3) 30,03 cm^2 bzw. 30,03 cm^2 bzw. 30,24 cm^2
5) $A \approx 30\ cm^2$ (30,1)

K **847** a) 2) $h_a \approx 5{,}5$ cm; $h_b \approx 4{,}2$ cm; $h_c \approx 3{,}0$ cm
3) $a \approx 4{,}4$ cm; $b \approx 5{,}6$ cm
12,1 cm^2 bzw. 11,76 cm^2 bzw. 12 cm^2
5) $A \approx 12\ cm^2$ (11,9...)
b) 2) $h_a \approx 75$ mm; $h_b \approx 43$ mm; $h_c \approx 39$ mm
3) $a \approx 43$ mm; $c \approx 83$ mm
1612,5 mm^2 bzw. 1612,5 mm^2 bzw. 1618,5 mm^2
5) $A \approx 1600\ mm^2$ (1614,5)

K 847 c) 2) $h_a \approx 5{,}8$ cm; $h_b \approx 4{,}0$ cm; $h_c \approx 7{,}3$ cm
3) $b \approx 10{,}9$ cm; $c \approx 6{,}0$ cm
22,04 cm² bzw. 21,8 cm² bzw. 21,9 cm²
5) $A \approx 22$ cm² (21,9…)
d) 2) $h_a \approx 10{,}4$ cm; $h_b \approx 8{,}8$ cm; $h_c \approx 7{,}9$ cm
3) $a \approx 9{,}2$ cm; $b \approx 10{,}9$ cm
47,84 cm² bzw. 47,96 cm² bzw. 47,4 cm²
5) $A \approx 48$ cm² (47,7…)

K 848 a) 2) $h_a \approx 58$ mm; $h_b \approx 43$ mm; $h_c \approx 34$ mm
3) $a \approx 44$ mm
1 276 mm² bzw. 1 247 mm² bzw. 1 258 mm²
5) $A \approx 1\,300$ mm² (1 260,…)
b) 2) $h_a \approx 52$ mm; $h_b \approx 39$ mm; $h_c \approx 28$ mm
3) $b \approx 53$ mm
1 040 mm² bzw. 1 033,5 mm² bzw. 1 022 mm²
5) $A \approx 1\,000$ mm² (1 031,…)
c) 2) $h_a \approx 7{,}2$ cm; $h_b \approx 9{,}6$ cm; $h_c \approx 6{,}9$ cm
3) $c \approx 10{,}6$ cm
36,72 cm² bzw. 36,48 cm² bzw. 36,57 cm²
5) $A \approx 37$ cm² (36,59)
d) 2) $h_a = 86$ mm; $h_b = 61$ mm; $h_c \approx 50$ mm
3) $c \approx 105$ mm
2 623 mm² bzw. 2 623 mm² bzw. 2 625 mm²
5) $A \approx 2\,600$ mm² (2 623,…)

K 849 a) 2) $h_a = h_b \approx 62$ mm; $h_c \approx 49$ mm
3) $c \approx 79$ mm
1 953 mm² bzw. 1 953 mm² bzw. 1 935,5 mm²
5) $A \approx 1\,900$ mm² (1 947,…)
b) 2) $h_a = h_b \approx 68$ mm; $h_c \approx 131$ mm
3) $a = b \approx 135$ mm
4 590 mm² bzw. 4 590 mm² bzw. 4 585 mm²
5) $A \approx 4\,600$ mm² (4 588,…)
c) 2) $h_a = h_b \approx 8{,}7$ cm; $h_c \approx 11{,}4$ cm
3) $c \approx 9{,}4$ cm
53,505 cm² bzw. 53,505 cm² bzw. 53,58 cm²
5) $A \approx 54$ cm² (53,53)
d) 2) $h_a = h_b \approx 7{,}5$ cm; $h_c \approx 5{,}3$ cm
3) $a = b \approx 7{,}5$ cm
28,125 cm² bzw. 28,125 cm² bzw. 28,09 cm²
5) $A \approx 28$ cm² (28,1…)

K 850 a) $A = 21$ cm² b) $A = 24$ cm² c) $A = 30$ cm²

K 851 a) $A = 24$ cm² b) $A = 4{,}5$ cm² c) $A = 20$ cm²

852 …, weil die Seite AB und die zugehörige Höhe bei allen Dreiecken gleich sind.

853 a)

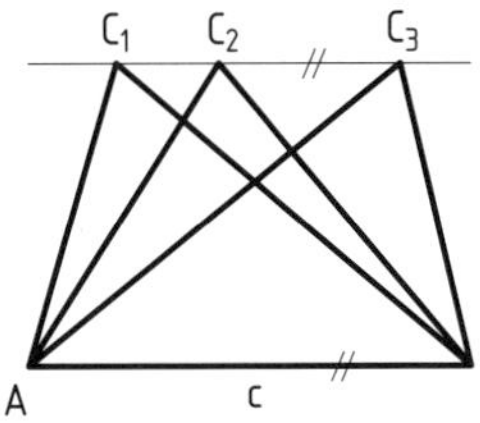

b)

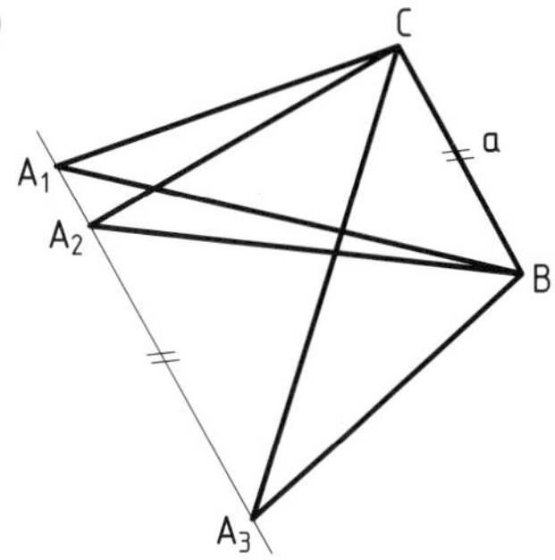

c)

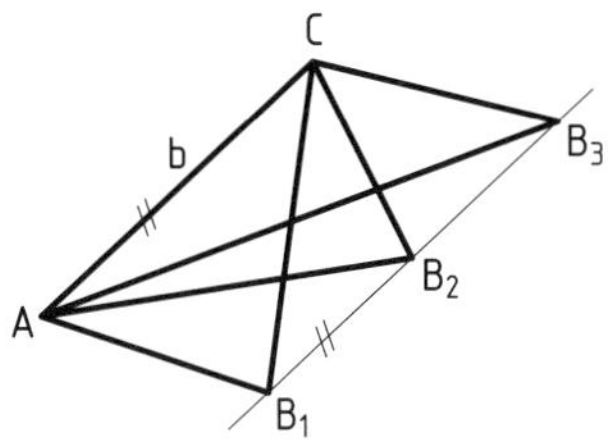

d)

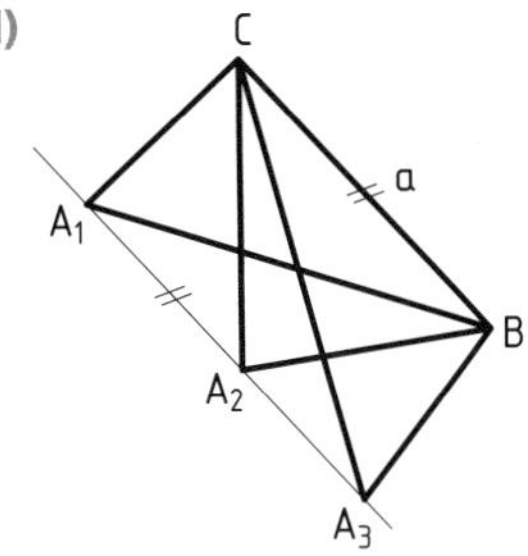

K **854** 1) Die Behauptung stimmt nicht.
2) Die Behauptung stimmt: $A_1 = \frac{1}{2} \cdot c \cdot 2h_c = c \cdot h_c = 2 \cdot A$

855 a) $h_c = 24$ m b) $h_a = 8{,}5$ cm (8,47…) c) $h_a = \frac{2A}{a}$

856 a) b = 72 m (71,7...) b) a = 22,9 cm (22,85...) c) $c = \frac{2A}{h_c}$

857 c = 39.2 cm

858 a) $h_a = \frac{c \cdot h_c}{a}$ b) $a = \frac{b \cdot h_b}{h_a}$

859 $\overline{XY} = 2{,}0$ cm

860 a) A = 2 620 m² (2 624)
b) 1) A = 2 660 m² (2 656); … um 1,2 % (1,21…) zu groß.
2) A = 2 700 m² (2 697,5); … um 2,8 % (2,80…) zu groß.

861 Gesamter Flächeninhalt: 53,3 m² (53,32). Das Decken kostet rund 2 773 € (2 772,64).

862 a) Es sind rund 7,04 m² (7,042 5) Verschalung.
b) 1 m² Verschalung kostete rund 390 € (390,4…).

863 Der Flächeninhalt beträgt rund 916 m² (915,75).

864 Arbeitet genau!

865 zB: Das Rechteck AECF bzw. EBDC wird durch die Diagonale AC bzw. BC in zwei kongruente rechtwinklige Dreiecke zerlegt. Die Summe der Flächeninhalte der Dreiecke ACF und BDC ist daher gleich dem Flächeninhalt des Dreiecks ABC.

866 zB: Der Flächeninhalt des Dreieicks ABC ist gleich der Differenz der Flächeninhalte des rechtwinkligen Dreiecks AEC und des rechtwinkligen Dreiecks BEC. Der Flächeninhalt des Dreiecks AEC bzw. des Dreiecks BEC ist halb so groß wie der Flächeninhalt des Rechtecks AECF bzw. des Rechtecks BECD. Somit ist der Flächeninhalt des Dreiecks ABC gleich der Differenz des halben Flächeninhalts des Rechtecks AECF und des halben Flächeninhalts des Rechtecks BECD, also gleich dem halben Flächeninhalt des Rechtecks ABDF mit den Seitenlängen c und h_c.

867 1. $A_1 = \frac{1}{2} \cdot x \cdot h_c \quad A_2 = \frac{1}{2} \cdot y \cdot h_c$
2. … das Verteilungs- und Vertauschungsgesetz

868 **a)** $A = \frac{1}{2} \cdot x \cdot h_a + \frac{1}{2} \cdot y \cdot h_a = \frac{1}{2} \cdot h_a \cdot (x + y) =$
$= \frac{1}{2} \cdot h_a \cdot a = \frac{1}{2} \cdot a \cdot h_a$

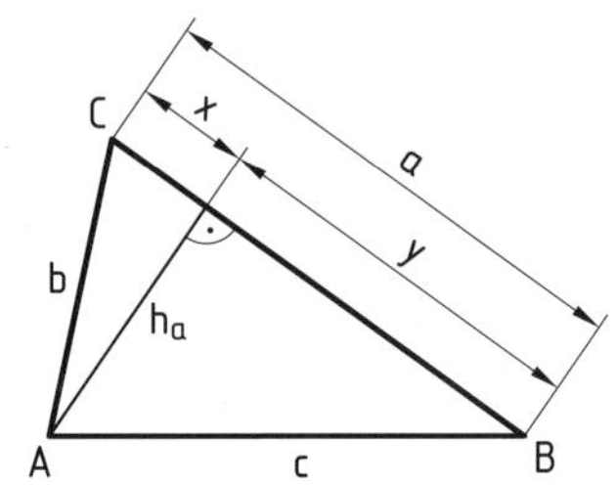

b) $A = \frac{1}{2} \cdot x \cdot h_b + \frac{1}{2} \cdot y \cdot h_b = \frac{1}{2} \cdot h_b \cdot (x + y) =$
$= \frac{1}{2} \cdot h_b \cdot b = \frac{1}{2} \cdot b \cdot h_b$

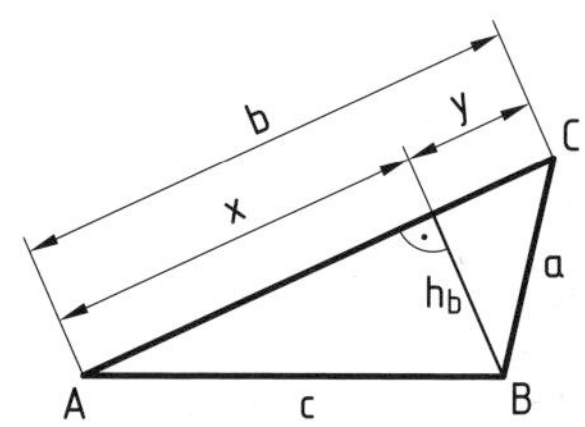

869 zB: Der Flächeninhalt des Dreiecks ABC ist gleich der Differenz des Flächeninhalts des rechtwinkligen Dreiecks mit den Seitenlängen c + z, h_c und des Flächeninhalts des rechtwinkligen Dreiecks mit den Seitenlängen z, h_c. Durch Anwenden des Verteilungsgesetzes und Vereinfachen des Terms ergibt sich die Formel.

870 **a)** 29 cm^2 (28,81) **b)** 48 m^2 (48,025) **c)** 220 m^2 (220,1)

871 **a)** 1071 cm^2 **b)** 5,34 m^2 (5,343 75) **c)** 14 cm^2 (14,25)

872 **a)** 24,5 cm^2 **b)** 0,72 m^2 **c)** 2,6 m^2 (2,645) **d)** 8,4 m^2 (8,405) **e)** 276 m^2 (276,125)

K **873** **a) 1)** Beginne mit dem Dreieck mit den Seiten a, b, e! $\rho \approx 2{,}4$ cm
2) $f \approx 6{,}0$ cm; $A \approx 27$ cm^2
b) 1) Beginne mit dem gleichschenkligen Dreieck ABD! $\rho \approx 24$ mm
2) $A = 3300$ mm^2
c) 1) Beginne mit dem Dreieck ABC! $\rho \approx 32$ mm
2) $f \approx 104$ mm; $A \approx 4200$ mm^2 (4160)
d) 1) Beginne mit dem Dreieck ACD! $\rho \approx 37$ mm
2) $e \approx 106$ mm; $f \approx 102$ mm; $A \approx 5400$ mm^2 (5406)

K 874 a) 1) Beginne mit der Seite a! $\rho \approx 1{,}9$ cm
2) $h_a \approx 3{,}8$ cm; $A \approx 15\ cm^2$ (14,82)
b) 1) Beginne mit zwei zueinander normalstehenden Geraden. $\rho \approx 2{,}0$ cm
2) $A \approx 19\ cm^2$ (18,86)
c) 1) Beginne mit dem gleichschenkligen Dreieck ABC! $\rho \approx 2{,}4$ cm
2) $f \approx 6{,}2$ cm; $A \approx 23\ cm^2$ (22,63)
d) 1) Beginne mit dem gleichschenkligen Dreieck ABD! $\rho \approx 2{,}1$ cm
2) $e \approx 9{,}5$ cm; $A \approx 23\ cm^2$ (22,8)
e) 1) Beginne mit dem gleichseitigen Dreieck ABD! $\rho \approx 2{,}8$ cm
2) $e \approx 11{,}1$ cm; $A \approx 36\ cm^2$ (35,52)
f) 1) Es entsteht ein Quadrat! $\rho = 3{,}0$ cm
2) $A = 36\ cm^2$

K 875 a) $A = 30.1\ cm^2$ b) $A = 39\ cm^2$ (39.14) c) $A = 23\ cm^2$ (23.12)

876 Der Flächeninhalt beträgt 3 135 cm².

877 Es werden mindestens 418 Platten (417,8…) benötigt.

K 878 zB: a) … e oder f verdoppeln, oder e halbieren und f vervierfachen, oder …
b) … e oder f halbieren, oder e verdoppeln und f vierteln, oder …
c) … e oder f verdreifachen, oder e halbieren und f versechsfachen, oder …
d) … e oder f auf das k-fache vergrößern, oder e verdoppeln und f auf das $\frac{k}{2}$-fache vergrößern, oder …

879 a) $f = 96{,}0$ m b) $e = 6{,}60$ cm c) $f = 50{,}0$ cm

880 a) $f = 36{,}0$ m b) $e = 8{,}0$ cm c) $f = 12{,}5$ m

881 a) $a = 10$ cm b) $a = 8$ cm c) $a = 30$ cm d) $a = 13$ cm

882 a) $d = 4$ cm b) $d = 10$ cm c) $d = 60$ cm d) $d = 20$ cm

883 a) 1) $4\ cm < a < 5\ cm$ 2) $6\ cm < d < 7\ cm$
b) 1) $6\ cm < a < 7\ cm$ 2) $8\ cm < d < 9\ cm$
c) 1) $10\ cm < a < 11\ cm$ 2) $15\ cm < d < 16\ cm$

884 $a = \frac{e \cdot f}{2h_a}$ $h_a = \frac{e \cdot f}{2a}$ $e = \frac{2a \cdot h_a}{f}$ $f = \frac{2a \cdot h_a}{e}$

885 1) $a = 9{,}7$ cm 2) $h_a = 5{,}0$ cm

886 Jedes der beiden Dreiecke hat den Flächeninhalt $\frac{1}{2} \cdot \left(e \cdot \frac{f}{2}\right)$; beide zusammen $A = 2 \cdot \frac{1}{2} \cdot e \cdot \frac{f}{2} = \frac{e \cdot f}{2}$.

887 Flächeninhalt des Dreiecks ABD: $A_1 = \frac{1}{2} \cdot f \cdot x$
Flächeninhalt des Dreiecks BCD: $A_2 = \frac{1}{2} \cdot f \cdot y$
Gesamt: $A = A_1 + A_2 = \frac{1}{2} \cdot f \cdot x + \frac{1}{2} \cdot f \cdot y = \frac{f}{2} \cdot (x + y) = \frac{f}{2} \cdot e = \frac{e \cdot f}{2}$

888 Kathetenlängen: $\frac{e}{2}$ bzw. $\frac{f}{2}$; der Flächeninhalt eines rechtwinkligen Dreiecks beträgt daher: $\frac{1}{2} \cdot \left(\frac{e}{2} \cdot \frac{f}{2}\right)$; gesamt: $A = 4 \cdot \left(\frac{1}{2} \cdot \frac{e}{2} \cdot \frac{f}{2}\right) = \frac{e \cdot f}{2}$

K 889 a) 1) $c \approx 67$ mm; $h \approx 54$ mm 2) $A \approx 4\,400\ mm^2$ (4 401)
b) 1) $c \approx 14{,}4$ cm; 2) $A \approx 49\ cm^2$ (48,51)
c) 1) $c \approx 54$ mm; $h \approx 45$ mm 2) $A \approx 3\,800\ mm^2$ (3 825)
d) 1) $\alpha = 50°$ 2) $A \approx 29\ cm^2$ (28,5)

K **890** a) 1) $a \approx 117$ mm; $h \approx 45$ mm 2) $A \approx 3400$ mm² (3420)
b) 1) $\overline{EB} = a - c = 81$ mm; $h \approx 60$ mm 2) $A \approx 5100$ mm² (5070)

K **891** a) 1) $c \approx 80$ mm 2) $A \approx 5000$ mm² (4982); $r \approx 56$ mm
b) 1) $b = d = 4{,}9$ cm 2) $A \approx 33$ cm² (32,625); $r \approx 4{,}7$ cm
c) 1) $a \approx 151$ mm 2) $A \approx 5900$ mm² (5928); $r \approx 77$ mm
d) 1) $c \approx 1{,}9$ cm 2) $A \approx 21$ cm² (21,34); $r \approx 3{,}9$ cm

892 a) $A = 493$ mm² b) $A = 4100$ mm²

893 $A = 8{,}5$ cm² (8,51)

894 Das sind 17,6 m².

895 $A = 140{,}4$ m²; 4893 Platten (4892,7…)
Die Verkleidung kostet 46483,50 €.

896 Es sind rund 230 m² (228,96) zu decken.

K **897**
a) 1) D (–1|3) 2) $A = 36$ cm²
b) 1) C (–1|7) 2) $A = 36$ cm²
c) 1) D (–1|0) 2) $A = 18$ cm²
d) 1) D (–1|2) 2) $A = 20$ cm²
e) 1) D (–1|3) 2) $A = 20$ cm²
f) 1) A (–2|1) 2) $A = 7{,}5$ cm²
g) 1) A (–4|–4) 2) $A = 20$ cm²
h) 1) D (–2|4) 2) $A = 30$ cm²

898 22,5 cm²

899 a) $h = 38{,}0$ m b) $h = 49{,}0$ cm c) $h = 74{,}0$ dm d) $h = 15{,}50$ m

900 a) $c = 43{,}0$ m b) $a = 81{,}0$ cm c) $c = 4{,}70$ m d) $a = 80{,}0$ dm

901 Die Vorderseite soll 15 cm hoch sein.

902 1) Die jeweils gleichfärbigen Dreiecke sind auf Grund des WSW-Satzes kongruent. Der Flächeninhalt des Trapezes ist gleich dem Flächeninhalt des Rechteckes mit den Seiten m und h.
2) Es gilt: $A = \frac{a + c}{2} \cdot h$ und $A = m \cdot h \Rightarrow m = \frac{a + c}{2}$

903 $A = \frac{1}{2} \cdot x \cdot h + c \cdot h + \frac{1}{2} \cdot y \cdot h = \frac{1}{2} \cdot h \cdot (x + 2c + y) = \frac{1}{2} \cdot h \cdot [(x + c + y) + c] = \frac{1}{2} \cdot h \cdot (a + c)$

K **904** 1) zB: $a = 8$ cm, $b = 5$ cm, $c = 4$ cm, $h = 4$ cm
2) $A_1 = \frac{1}{2} \cdot a \cdot h$ $A_2 = \frac{1}{2} \cdot c \cdot h$
3) $A = A_1 + A_2 = \frac{1}{2} \cdot a \cdot h + \frac{1}{2} \cdot c \cdot h = \frac{1}{2} \cdot h \cdot (a + c)$

905 1) $A_1 = \frac{r \cdot h}{2} + \frac{t \cdot h}{2} = (r + t) \cdot \frac{h}{2}$
2) $A_2 = h \cdot t + \frac{(r - t) \cdot h}{2} = \frac{2 \cdot h \cdot t}{2} + \frac{r \cdot h - t \cdot h}{2} = \frac{r \cdot h + h \cdot t}{2} = \frac{h}{2} \cdot (r + t)$
3) $A_1 = A_2$

906 Trapez: $A = \left(\frac{a + c}{2}\right) \cdot h_a$
Dreieck ($c = 0$): $A = \left(\frac{a + 0}{2}\right) \cdot h_a \Rightarrow A = \frac{a \cdot h_a}{2}$
Rechtwinkliges Dreieck ($b = h_a$): $A = \frac{a \cdot b}{2}$
Trapez: $A = \left(\frac{a + c}{2}\right) \cdot h_a$
Parallelogramm ($c = a$): $A = \left(\frac{a + a}{2}\right) \cdot h_a = a \cdot h_a$
Rechteck ($b = h_a$): $A = a \cdot b$
Quadrat ($a = b$): $A = a \cdot a = a^2$

K 907 a) △ ABD: Höhe auf f… ≈ 24 mm; △ BCD: Höhe auf f… ≈ 51 mm;
A ≈ 3 100 mm^2 (3 112,5)
b) f = 88 mm; △ ABD: Höhe auf a… ≈ 68 mm; △ BCD: Höhe auf f… ≈ 54 mm;
A ≈ 5 600 mm^2 (5 606)
c) △ ABD: Höhe auf a… ≈ 86 mm; △ BCD: Höhe auf f… ≈ 28 mm
A ≈ 49 mm^2 (4 871)

K 908 a) △ ABC: Höhe durch B… ≈ 3,1 cm; △ ACD: Höhe durch C… ≈ 3,6 cm;
△ ADE: Höhe durch E… ≈ 3,1 cm; A ≈ 42 cm^2 (41,73)
b) △ ABC: Höhe durch B… ≈ 2,3 cm; △ ACD: Höhe durch D… ≈ 3,2 cm;
△ ADE: Höhe durch E… ≈ 4,2 cm; △ AEF: Höhe durch F… ≈ 2,9 cm;
A ≈ 52 cm^2 (51,57)
c) △ ABC: Höhe durch B… ≈ 0,9 cm; △ ACD: Höhe durch D… ≈ 4,2 cm;
△ ADE: Höhe durch E… ≈ 2,2 cm; △ AEF: $\overline{AE}$ ≈ 7,8 cm;
Höhe durch F… ≈ 2,9 cm; A ≈ 43 cm^2 (43,14)

K 909 $A_I \approx \frac{1}{2} \cdot 3{,}4 \cdot 3{,}4$ $A_{II} \approx \frac{1}{2} \cdot (4{,}6 + 3{,}4) \cdot 5{,}4$ $A_{III} \approx \frac{1}{2} \cdot 4{,}6 \cdot 2{,}4$
$\underline{A_I \approx 5{,}78\ cm^2}$ $\underline{A_{II} \approx 21{,}6\ cm^2}$ $\underline{A_{III} \approx 5{,}52\ cm^2}$
$A_{IV} \approx \frac{1}{2} \cdot 4{,}8 \cdot 4{,}4$ $A_V \approx \frac{1}{2} \cdot 6{,}8 \cdot 4{,}8$
$\underline{A_{IV} \approx 10{,}56\ cm^2}$ $\underline{A_V \approx 16{,}32\ cm^2}$ A ≈ 60 cm^2 (59,78)

K 910 $A_I \approx \frac{1}{2} \cdot 5{,}4 \cdot 3{,}1$ $A_{II} \approx \frac{1}{2} \cdot 4{,}6 \cdot 3{,}1$ $A_{III} \approx \frac{1}{2} \cdot 0{,}8 \cdot 0{,}8$
$\underline{A_I \approx 8{,}37\ cm^2}$ $\underline{A_{II} \approx 7{,}13\ cm^2}$ $\underline{A_{III} \approx 0{,}32\ cm^2}$
$A_{IV} \approx \frac{1}{2} (3{,}0 + 0{,}8) \cdot 8{,}1$ $A_V \approx \frac{1}{2} \cdot 3{,}0 \cdot 1{,}1$
$\underline{A_{IV} \approx 15{,}39\ cm^2}$ $\underline{A_V \approx 1{,}65\ cm^2}$ A = 33 cm^2 (32,86)

K 911 a) A = 27 cm^2 c) A = 35 cm^2
b) A = 45,5 cm^2 d) A = 28 cm^2

K 912 a) A ≈ 33 cm^2 (33,25) c) A = 24 cm^2
b) A = 21,5 cm^2 d) A = 28 cm^2

K 913 a) A = 40 cm^2 b) A = 28 cm^2

K 914 a) A = 56 cm^2 b) A = 23 cm^2

K 915 a) A = 28 cm^2 b) 86,5 cm^2

K 916 a) A = 49,5 cm^2 c) A = 26,3 cm^2 e) A ≈ 24 cm2 (24,23)
b) A ≈ 24 cm^2 (23,75) d) A ≈ 44 cm^2 (44,24)

917 A = 366 m^2 (365,75)

K 918 Zeichne vier Durchmesser, die jeweils 45° miteinander einschließen!
a) Höhe eines Teildreiecks: ≈ 5,5 cm; Seitenlänge: ≈ 4,6 cm; A ≈ 100 cm^2 (101,2)
b) Höhe eines Teildreiecks: ≈ 6,8 cm; Seitenlänge: ≈ 5,7 cm; A ≈ 155 cm^2 (155,04)
c) Höhe eines Teildreiecks: ≈ 78 mm; Seitenlänge: ≈ 64 mm;
A ≈ 20 000 mm^2 (19 968)

K 919 a) Höhe eines Teildreiecks: ≈ 5,2 cm; A ≈ 94 cm^2 (93,6)
b) Höhe eines Teildreiecks: ≈ 5,0 cm; A ≈ 87 cm^2
c) Höhe eines Teildreiecks: ≈ 62 mm; A ≈ 13 400 mm^2 (13 392)

920 Der Flächeninhalt beträgt 3 600 cm^2.

K **921** a) Der Flächeninhalt beträgt 27 200 m^2 (27 232)
b) 48 m ≙ 24 mm, 40 m ≙ 20 mm, 104 m ≙ 52 mm, 92 m ≙ 46 mm

K **922** 1) $a = 7{,}5$ cm 2) $A = 22{,}5\ cm^2$

923 1) $A = 2 \cdot (a - b) \cdot b$ 2) $A = 800\ mm^2$

K **924** a) $A = \frac{1}{2} \cdot a \cdot h_a = \frac{1}{2} \cdot b \cdot h_b = \frac{1}{2} \cdot c \cdot h_c$
b) $A = a \cdot h_a = b \cdot h_b$
c) $A = a \cdot h_a = \frac{e \cdot f}{2}$
d) $A = \frac{e \cdot f}{2}$
e) $A = \frac{1}{2} \cdot (a + c) \cdot h$

925 $h_a = 12{,}8$ cm

K **926** 1) $h_b = 5{,}4$ cm 2) $A = 22{,}75\ cm^2$, $h_b = 5{,}4$ cm (5,41...)

K **927** 1) D (–8|3), $A = 35\ cm^2$
2) C_1 (6,9|3), D_1 (–0,1|3); C_2 (–2,9|3), D_2 (–9,9|3)

K **928** 1) $r = 33$ mm 2) $c = 30$ mm, $A = 1840\ mm^2$

929 1) Man braucht mindestens 11 200 Platten.
2) Die Kosten betragen 25 116 €.

K **930** 1) $\gamma = 80°$ 2) $\rho = 3{,}8$ cm 3) $f = 11{,}1$ cm; $A = 58\ cm^2$ (58,275)

931 bis **941** Siehe Buch Seite 281!

942 a) 2 : 3 c) 3 : 2 e) 2 : 7 g) 12 : 9 : 4
b) 3 : 5 d) 3 : 1 f) 8 : 3 h) 4 : 7 : 10

943 a) $b_1 = 20$ cm b) $c_1 = 6$ cm c) $d_1 = 30$ cm

944 a) $b : b_1 = 3 : 4$ c) $d : d_1 = 6 : 5$ e) $f : f_1 = 1 : 9$
b) $c : c_1 = 5 : 4$ d) $e : e_1 = 1 : 8$

945 Quadrat und Rhombus. Beide Figuren haben 4 gleich lange Seiten, aber verschiedene Winkel.

946 Because all angles are equal.

K **947** 1) $b_1 = 6$ cm, $c_1 = 5$ cm
2) Beachte die rechten Winkel!

K **948** 1) $b = 7{,}2$ cm 2) $a_1 = 3$ cm, $b_1 = 3{,}6$ cm

K **949** $a_1 = 4$ cm, $b_1 = 3$ cm

K **950** 1) und 2) $b_1 = 8$ cm, $c_1 = 10$ cm

951 A und C, B und E, D und F

952 a)
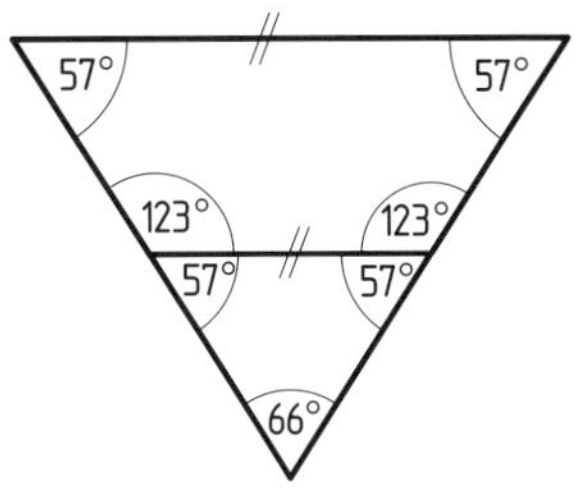

c)
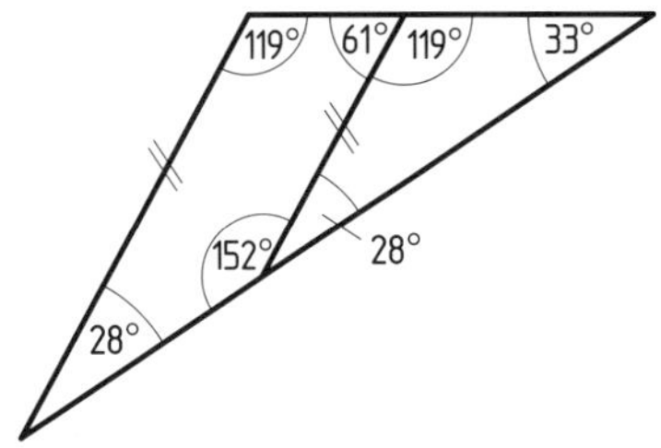

b)
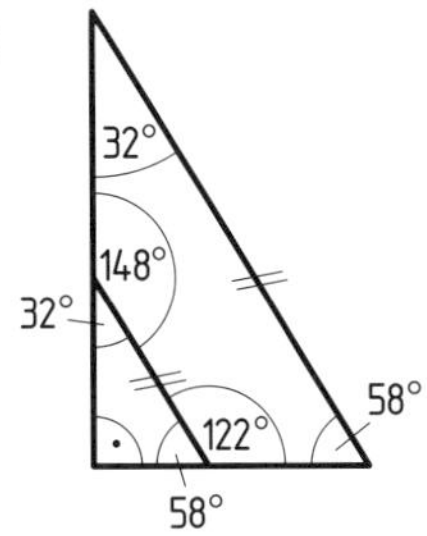

d)
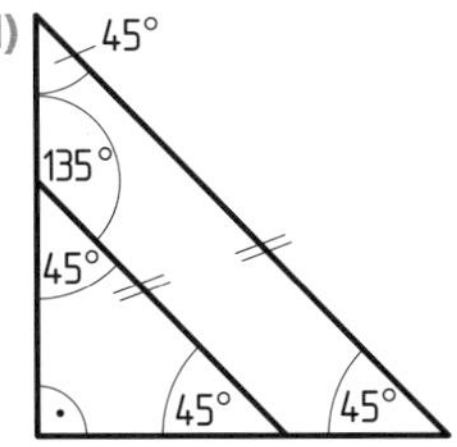

953 Die Bildhöhe beträgt 8 cm.

K **954** a) $\alpha \approx 75°$, $\beta \approx 58m°$, $\gamma \approx 47°$; $\overline{A_1C_1} \approx 5{,}8$ cm
b) $\alpha \approx 38°$, $\beta \approx 52°$; $\overline{B_1C_1} \approx 3{,}1$ cm
c) $\alpha \approx 41°$, $\beta \approx 118°$, $\gamma \approx 21°$; $\overline{A_1C_1} \approx 12{,}3$ cm

K **955** a) $a_1 = 8$ cm; $b_1 = 10$ cm; $c_1 = 12$ cm
b) $a_1 = 12$ cm; $b_1 = 15$ cm; $c_1 = 18$ cm
c) $a_1 = 6$ cm; $b_1 = 7{,}5$ cm; $c_1 = 9$ cm

956 Ja, beide Dreiecke sind ähnlich, da die entsprechenden Winkel gleich groß sind.

957 1) Es sind fünf ähnliche Dreiecke:
2) △ SAF ~ △ SBG ~ △ SCH ~ △ SDJ ~ △ SEK
zB: Alle Dreiecke haben bei S denselben Winkel und in den anderen Eckpunkten jeweils Parallelwinkel.

958 △ ADF ~ △ DBE ~ △ ABC

959 zB: Die beiden grünen Winkel und die beiden blauen Winkel sind jeweils gleich große Normalwinkel. Die drei Dreiecke haben je einen grünen Winkel, einen blauen Winkel und einen rechten Winkel; sie sind daher ähnlich.

960
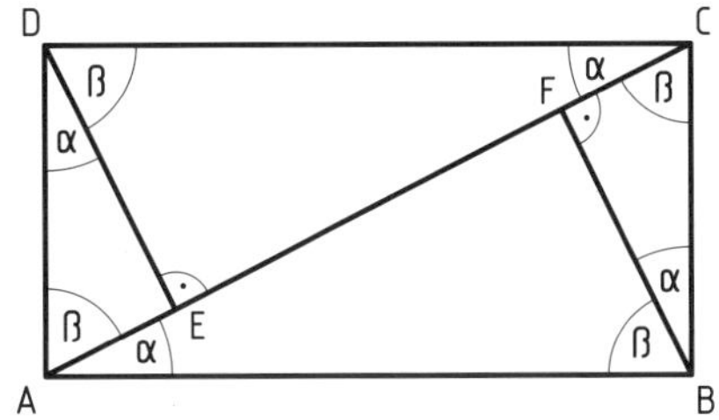

△ ABC ~ △ ACD ~ △ ABF ~
~ △ BCF ~ △ AED ~ △ CDE
zB: In allen Dreiecken sind die entsprechenden Winkel gleich groß.
△ ABC ≅ △ ACD,
△ ABF ≅ △ CDE,
△ BCF ≅ △ ADE

961 △ ABC ~ △ JGC; △ ADJ ~ △ BFG ~ △ ACE ~ △ BCE ~ △ CHJ ~ △ CGH
zB: In allen Dreiecken sind die entsprechenden Winkel gleich große Parallelwinkel.

962 1) a entspricht a + b, e entspricht e + f, c entspricht d.
2) zB: a : e = b : f, a : e = (a + b) : (e + f), (a + b) : (e + f) = b : f,
a : c = (a + b) : d, e : c = (e + f) : d, …

963 a) $\overline{SB} : \overline{SA} = \overline{SQ} : \overline{SP} = \overline{BQ} : \overline{AP}$
b) $\overline{SP} : \overline{SR} = \overline{SA} : \overline{SC} = \overline{AP} : \overline{CR}$
c) $\overline{AB} : \overline{BC} = \overline{PQ} : \overline{QR}$
d) $\overline{BC} : \overline{QR} = \overline{AC} : \overline{PR} = \overline{AB} : \overline{PQ} = \overline{SC} : \overline{SR} = \overline{SB} : \overline{SQ} = \overline{SA} : \overline{SP}$

964 a) Es gilt: $\overline{SA} : \overline{SB} = \overline{SA_1} : \overline{SB_1}$; durch Multiplikation der Innen- und der Außenglieder folgt die Behauptung.
b) Es gilt: $\overline{SA} : \overline{SB} = \overline{SA_1} : \overline{SB_1}$; durch Vertauschen der Innenglieder folgt die Behauptung.

965 a) Es gilt: $\overline{AB} : \overline{DE} = \overline{SB} : \overline{SE}$ und $\overline{BC} : \overline{EF} = \overline{SB} : \overline{SE} \Rightarrow \overline{AB} : \overline{DE} = \overline{BC} : \overline{EF}$.
Durch Vertauschen der Innenglieder folgt: $\overline{AB} : \overline{BC} = \overline{DE} : \overline{EF}$.
b) Es gilt: $\overline{AB} : \overline{DE} = \overline{SA} : \overline{SD}$ und $\overline{AC} : \overline{DF} = \overline{SA} : \overline{SD} \Rightarrow \overline{AB} : \overline{DE} = \overline{AC} : \overline{DF}$.
Durch Vertauschen der Innenglieder folgt: $\overline{AB} : \overline{AC} = \overline{DE} : \overline{DF}$.
c) Es gilt: $\overline{SB} : \overline{SE} = \overline{AB} : \overline{DE}$ und $\overline{SB} : \overline{SE} = \overline{BC} : \overline{EF} \Rightarrow \overline{AB} : \overline{DE} = \overline{BC} : \overline{EF}$.
d) Es gilt: $\overline{SC} : \overline{SF} = \overline{AC} : \overline{DF}$ und $\overline{SC} : \overline{SF} = \overline{BC} : \overline{EF} \Rightarrow \overline{AC} : \overline{DF} = \overline{BC} : \overline{EF}$.

966 a) x = 4 cm, y = 6 cm   b) x = 8 cm, y = 5 cm

967 a) x = 6 cm   b) x = 2,4 cm

K **968** Die Länge einer Teilstrecke beträgt rund
a) 2,3 cm,   b) 1,8 cm,   c) 1,2 cm,   d) 9 mm,   e) 6 mm.

K **969** One segment is approximately 1.3 cm long.

K **970** a) $\overline{AT}$ = 7,1 cm; $\overline{TB}$ = 2,9 cm
b) $\overline{AT}$ = 3,75 cm; $\overline{TB}$ = 6,25 cm
c) $\overline{AT}$ = 6,9 cm; $\overline{TB}$ = 3,1 cm
d) $\overline{AT}$ = 3,3 cm; $\overline{TB}$ = 6,7 cm
e) $\overline{AT}$ = 1,4 cm; $\overline{TB}$ = 8,6 cm
f) $\overline{AT}$ = 3,8 cm; $\overline{TB}$ = 6,2 cm

K **971** a) $\overline{AT}$ = 2,9 cm; $\overline{TB}$ = 5,1 cm
b) $\overline{AT}$ = 4,5 cm; $\overline{TB}$ = 1,5 cm
c) $\overline{AT}$ = 3,6 cm; $\overline{TB}$ = 6,0 cm
d) $\overline{AT}$ = 4,5 cm; $\overline{TB}$ = 1,8 cm
e) $\overline{AT}$ = 2,8 cm; $\overline{TB}$ = 7,0 cm
f) $\overline{AT}$ = 8,0 cm; $\overline{TB}$ = 5,6 cm

972 zB:
1. Zeichne zwei Strahlen v und w, die einander in S schneiden (spitzer Winkel)!
2. Trage jeweils von S aus auf dem Strahl v 5 bzw. 3 beliebige, gleich lange Einheiten auf!
3. Trage von S aus auf dem Strahl w die Strecke a = $\overline{SA}$ auf!
4. Verbinde A mit dem Punkt B!
5. Ziehe dazu die Parallele durch C!
6. Der Schnittpunkt mit dem Strahl w ergibt den Punkt D mit $\overline{SD}$ = b.

973 a) b = 5,4 cm   c) b = 9,6 cm   e) a = 7 cm
b) b = 8,4 cm   d) a = 4 cm   f) a = 2,7 cm

K **974** v = 4.5 cm

K **975** a) x = 40 mm   b) x = 2,8 cm   c) x = 5,2 cm   d) x = 1,6 cm (1,62)

K **976** 1) Ergänze das Viereck durch parallel verschieben!
2) $A_1(4|0)$, $B_1(6|2)$, $C_1(6|8)$, $D_1(2|4)$

K 977 1) $c_1 = 2{,}7$ cm
2) $u = 13$ cm; $u_1 = 11{,}7$ cm; $u : u_1 = 10 : 9$, $a : a_1 = 10 : 9$
3) Die Umfänge stehen im gleichen Verhältnis wie die Seitenlängen.

978 a) $a_1 = 8{,}0$ cm; $b_1 = 14{,}4$ cm; $c_1 = 11{,}2$ cm
b) $a_1 = 4{,}0$ cm; $b_1 = 7{,}2$ cm; $c_1 = 5{,}6$ cm

979 1) $a_1 = 4.0$ cm; $b_1 = 2.4$ cm; $c_1 = 1.6$ cm; $d_1 = 3.2$ cm
2) $A : A_1 = 9 : 16$

980 a) 1) $a_1 = 12$ cm; $b_1 = 25{,}5$ cm 2) $A = 6{,}12$ cm²; $A_1 = 153$ cm²
b) 1) $a_1 = 240$ mm; $b_1 = 160$ mm 2) $A = 768$ mm²; $A_1 = 19\,200$ mm²

981 a) $a_1 = 3{,}6$ cm b) $b_1 = 3{,}2$ cm c) $h_{c_1} = 4{,}8$ cm

982 a) $A_1 = 729$ cm² b) $A_1 = 64$ cm²

983 zB: 1) Aus dem Strahlensatz folgt: $a : a_1 = h_c : h_{c_1} = c : c_1 = 1 : 2$;
$h_{c_1} = 2 \cdot h_c$; $c_1 = 2 \cdot c$; daraus folgt:
2) $A_1 = \frac{1}{2} \cdot c_1 \cdot h_{c_1} = \frac{1}{2} \cdot (2c) \cdot (2h_c) = 4 \cdot \left(\frac{1}{2} \cdot c \cdot h_c\right) = 4 \cdot A$

984 a) 1) $a_1 = 6$ cm
2) $O = 24$ cm²; $O_1 = 216$ cm²; $O : O_1 = 1 : 9$
3) $V = 8$ cm³; $V_1 = 216$ cm³; $V : V_1 = 1 : 27$
4) Die Oberflächen verhalten sich wie die Quadrate entsprechender Kanten.
Die Volumina verhalten sich wie die 3. Potenzen entsprechender Kanten.
5) … $1 : k^2$ … $1 : k^3$.
b) 1) $a_1 = 3s$ cm
2) $O = 6s^2$ cm²; $O_1 = 54s^2$ cm²; $O : O_1 = 1 : 9$
3) $V = s^3$ cm³; $V_1 = 27s^3$ cm³; $V : V_1 = 1 : 27$
4) Vergleiche mit a) 4)!
5) Vergleiche mit a) 5)!

985 a) 1) $s_1 = 18$ cm 2) $O : O_1 = 1 : 16$; $V : V_1 = 1 : 64$
b) 1) $s_1 = 6{,}0$ cm 2) $O : O_1 = 9 : 16$; $V : V_1 = 27 : 64$
c) 1) $s_1 = 3{,}6$ cm 2) $O : O_1 = 25 : 16$; $V : V_1 = 125 : 64$

K 986 a) $a = 4{,}1$ cm; Streckzentrum: zB: B
b) $b = 7{,}5$ cm; Streckzentrum: zB: I
c) $c = 9{,}7$ cm; Streckzentrum: zB: U
d) $b = 5{,}3$ cm; Streckzentrum: zB: B
e) $a = 10{,}1$ cm; Streckzentrum: zB: A
f) $c = 7{,}1$ cm; Streckzentrum: zB: A

K 987 a) $a = 6$ cm; Streckzentrum: zB: A
b) $c = 10{,}4$ cm; Streckzentrum: zB: C
c) 1. Lösung: $b = 12{,}4$ cm; Streckzentrum: zB: C
2. Lösung: $b = 4$ cm; Streckzentrum: zB: C
d) $a = 11{,}8$ cm; Streckzentrum: zB: I

K 988 a) $a = 7{,}3$ cm; Streckzentrum: zB: A
b) $a = 2{,}6$ cm; Streckzentrum: zB: A
c) $a = 7{,}5$ cm; Streckzentrum: zB: A
d) $a = 8{,}8$ cm; Streckzentrum: zB: A

K 989 a) Die vergrößerte Lüftungsöffnung ist 10 cm breit.
b) Die vergrößerte Lüftungsöffnung ist 7,8 cm breit und 7,8 cm hoch.

K 990 Alle Längen der vergrößerten Österreichkarte sind doppelt so groß.

K 991 a) 48 mm b) 64 mm c) 36 mm d) 80 mm

K 992 a) 108 mm b) 54 mm c) 60 mm d) 45 mm

K 993 70 mm

K 994 $a_1 = 6{,}3$ cm; $b_1 = 8{,}0$ cm (7,95); $c_1 = 8{,}9$ cm (8,85)

K 995 1) Die Schwerlinie ist die Verbindungsgerade des Halbierungspunkts einer Seite mit dem gegenüberliegenden Eckpunkt.
2) $a_1 = 4{,}9$ cm; $b_1 = 3{,}9$ cm; $c_1 = 4{,}7$ cm

K 996 a) Die neue Seitenlänge beträgt 3,6 cm.
b) Die neue Seitenlänge beträgt 6,4 cm.

K 997 1) und 2) $A_1(0|-5)$; $B_1(5|0)$; $C_1(0|5)$; $D_1(-5|0)$

K 998 1) 2,9 cm (2,875) 3) 5,6 cm (5,625) 5) 7,8 cm (7,75)
2) 3,8 cm (3,75) 4) 7,3 cm (7,25)

K 999 1) 3 cm 3) 3,9 cm 5) 5,4 cm
2) 3,6 cm 4) 4,5 cm

1000 10 mm : 100 mm = lichte Weite : 56 mm
Die Öffnung ist 5,6 mm breit.

1001 a) h = 18 m b) 1) h = 18,9 m (18,94...) 2) h = 17,1 m (17,14...)

1002 a) 20.8 m b) 28 m c) 38.4 m

1003 Die Brücke ist ungefähr 50 m breit.

K 1004 Die Strecke „6" ist in der vergrößerten Figur
a) 7,5 cm, b) 10,5 cm, c) 9 cm, d) 10 cm lang.

K 1005 a) Die Strecke „3" ist in der vergrößerten Figur 38 mm lang.
b) Die Strecke „4" ist in der vergrößerten Figur 50 mm lang.
c) Die Strecke „15" ist in der vergrößerten Figur 188 mm lang.
d) Die Strecke „6" ist in der vergrößerten Figur 75 mm lang.

K 1006 a) 1) Die Strecke „3" ist in der verkleinerten Figur 1,5 cm lang.
2) Die Strecke „4" ist in der verkleinerten Figur 2,0 cm lang.
3) Die Strecke „15" ist in der verkleinerten Figur 7,5 cm lang.
4) Die Strecke „6" ist in der verkleinerten Figur 3,0 cm lang.
b) 1) Die Strecke „3" ist in der verkleinerten Figur 1,2 cm lang.
2) Die Strecke „4" ist in der verkleinerten Figur 1,6 cm lang.
3) Die Strecke „15" ist in der verkleinerten Figur 6,0 cm lang.
4) Die Strecke „6" ist in der verkleinerten Figur 2,4 cm lang.
c) 1) Die Strecke „3" ist in der verkleinerten Figur 1,3 cm lang.
2) Die Strecke „4" ist in der verkleinerten Figur 1,7 cm lang.
3) Die Strecke „15" ist in der verkleinerten Figur 6,4 cm lang.
4) Die Strecke „6" ist in der verkleinerten Figur 2,6 cm lang.

1007 zB: Beide Dreiecke haben einen rechten Winkel.
$\sphericalangle$ CEA = $\sphericalangle$ DEB = 90° – ε. Somit sind auch die Winkel $\sphericalangle$ CAE und $\sphericalangle$ EBD gleich.

1008 a) a = 8,1 cm b) b = 6,2 cm

1009 30,6 m : 18,9 m ≈ 1,619 : 1

K **1010** a) $\overline{AC}$ = 2,8 cm, $\overline{CB}$ = 4,4 cm
b) $\overline{AC}$ = 3,6 cm, $\overline{CB}$ = 5,7 cm
c) $\overline{AC}$ = 2,5 cm, $\overline{CB}$ = 4,0 cm
d) $\overline{AC}$ = 4,0 cm, $\overline{CB}$ = 6,4 cm

1011 1) Jede neue Zahl ist die Summe der beiden letzten Zahlen. 377, 610, 987
2) 3 : 2 = 1,5; 5 : 3 = $1,\overline{6}$...; 8 : 5 = 1,6; 13 : 8 = 1,625; 21 : 13 = 1,615...

1012 1) Ja, die Dreiecke sind gleichseitig.
2) zB:

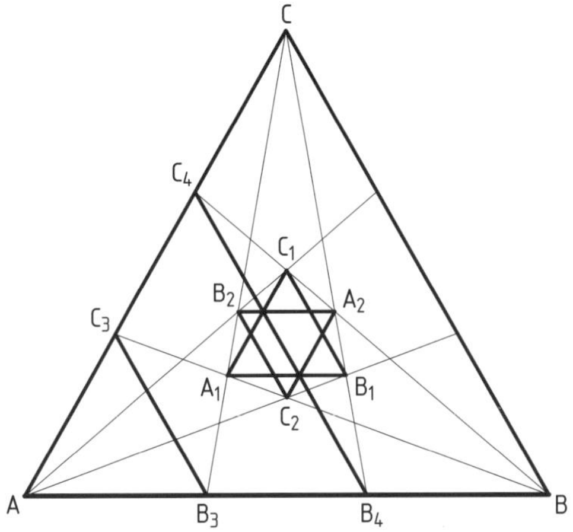

K **1013** Es entstehen ähnliche Dreiecke.

K **1014** Konstruiert möglichst genau!

1015 bis **1025** Siehe Buch Seite 281!

K **1026** Beachtet die Messfehler!

K **1027** a) b = 80 mm b) a = 48 mm c) c = 125 mm

K **1028** a) 1) 64 + 36 = 100 2) $\sphericalangle$ ACB = 90°
b) 1) 4624 + 2601 = 7225 2) $\sphericalangle$ ACB = 90°

1029 zB: $10^2 + 24^2 = 676 = 26^2$
$15^2 + 36^2 = 1521 = 39^2$
$20^2 + 48^2 = 2704 = 52^2$

1030 1) $\underline{(2 \cdot x)^2 + (2 \cdot y)^2} = 4 \cdot x^2 + 4 \cdot y^2 = 4 \cdot (x^2 + y^2) = 4 \cdot z^2 = \underline{(2 \cdot z)^2}$
2) $\underline{(k \cdot x)^2 + (k \cdot y)^2} = k^2 \cdot x^2 + k^2 \cdot y^2 = k^2 \cdot (x^2 + y^2) = k^2 \cdot z^2 = \underline{(k \cdot z)^2}$

1031 a) 26 b) 17 c) 45 d) 197 e) 125

1032 a) 15 b) 24 c) 18 d) 152 e) 408

K 1033 a) 1), 2) c = 102 mm | 3) A = 2 160 mm² | 4) h ≈ 42 mm (42,3…)
b) 1), 2) c = 6,5 cm | 3) A = 5,04 cm² | 4) h ≈ 1,6 cm (1,55…)
c) 1), 2) c = 125 mm | 3) A ≈ 2 570 mm² (2 574) | 4) h ≈ 41 mm (41,1…)
d) 1), 2) c = 11,6 cm | 3) A = 33,6 cm² | 4) h ≈ 5,8 cm (5,79…)

K 1034 a) 1), 2) b = 48 mm | 3) A ≈ 1 300 mm² (1 320) | 4) h ≈ 36 mm (36,1…)
b) 1), 2) a = 7,0 cm | 3) A = 8,4 cm² | 4) h ≈ 2,3 cm (2,27…)
c) 1), 2) b = 5,6 cm | 3) A = 25,2 cm² | 4) h ≈ 4,8 cm (4,75…)
d) 1), 2) a = 4,8 cm | 3) A = 33,6 cm² | 4) h ≈ 4,5 cm (4,54…)

1035 Die Dreiecke B, D, F, H und I sind rechtwinklig.

1036 1) c > 34 cm | 2) c < 46 cm

1037 a) 1) b = 60 mm | 2) c = 100 mm | 3) h = 48 mm
b) 1) a = 6,5 m | 2) c = 16,9 m | 3) h = 6,0 m
c) 1) b = 51,0 cm | 2) c = 57,8 cm | 3) h = 24,0 cm
d) 1) a = 3,5 m | 2) c = 12,5 m | 3) h = 3,36 m
e) 1) b = 10 m | 2) c = 26 m | 3) h ≈ 9,2 m (9,23…)

1038 b = 45 cm

1039 a = 4.8 cm, c = 19.5 cm

1040 a) 51 m | b) 841 m | c) 510 m | d) 4,50 km | e) 5,8 km

1041 a) 4,80 m | b) 6,00 m | c) 7,00 m | d) 9,00 m

1042 a) 1) w = 164 m | 2) 22,5 %
b) 1) w = 567 m | 2) 25,4 % (25,39…)

1043 a) 7,2 m | b) 35 m² (34,56)

1044 a) 1) d = 35 mm | 2) r = 17,5 mm
b) 1) d = 6,0 cm | 2) r = 3,0 cm
c) 1) d = 12,5 m | 2) r = 6,25 m

1045 a) 1) b = 24 mm | 2) A = 1 080 mm² | 3) u = 138 mm
b) 1) a = 7,0 m | 2) A = 16,8 m² | 3) u = 18,8 m
c) 1) b = 8,0 m | 2) A = 67,2 m² | 3) u = 32,8 m

1046 a) 1) 9,9 cm (9,89…) | 2) 49 cm² | 3) 28 cm | 4) 4,9 cm (4,94…)
b) 1) 116 mm (115,9…) | 2) 6 724 mm² | 3) 328 mm | 4) 58 mm (57,9…)
c) 1) 13,9 m (13,85…) | 2) 96,04 m² | 3) 39,2 m | 4) 6,93 m (6,929…)
d) 1) 18,0 m (17,96…) | 2) 161m² (161,29) | 3) 50,8 m | 4) 9,0 m (8,98…)

1047 a) 1) 4 cm | 2) 5,7 cm (5,65…) | 3) 16 cm
b) 1) 11 cm | 2) 15,6 cm (15,55…) | 3) 44 cm

1048 Das Brett muss mindestens 2,89 m lang sein.

1049 a) 40,80 m | b) 26,32 m (26,318…)

1050 a) 1) $h_c = 72$ mm 2) $A \approx 22$ cm² (21,6) 3) $h_a \approx 55$ mm (55,3…)
b) 1) $a = 85$ mm 2) $A \approx 11$ cm² (10,92) 3) $h_a \approx 26$ mm (25,6…)
c) 1) $c = 80$ mm 2) $A \approx 17$ cm² (16,8) 3) $h_a \approx 58$ mm (57,9…)
d) 1) $h_c = 17{,}6$ cm 2) $A \approx 100$ cm² (100,32) 3) $h_a \approx 10{,}8$ cm (10,84…)
e) 1) $a = 2{,}89$ m 2) $A \approx 3{,}47$ m² (3,468) 3) $h_a = 2{,}40$ m
f) 1) $c = 11{,}6$ m 2) $A \approx 35{,}3$ m² (35,322) 3) $h_a = 8{,}40$ m

1051 a) $c = 96$ mm; $a = 102$ mm c) $c = 13{,}0$ cm; $a = 16{,}9$ cm
b) $c = 30$ cm; $a = 25$ cm d) $c = 6{,}4$ m; $a = 4{,}0$ m

1052 Die Länge der zusammengeklappten Leiter beträgt 1,95 m.

1053 a) $s = 7{,}00$ m b) $A = 142{,}8$ m²

1054 Der Flächeninhalt des Giebeldreiecks beträgt 16,8 m².

K **1055** 1), 2) Die Länge der Seitenkante beträgt 9,10 m.
Der Flächeninhalt beträgt rund 20 m² (19,7…).
3) Man benötigt 231 Platten (230,4…).

1056 $c = 12$ cm, $A = 27$ cm²

1057 bis **1064** Siehe Buch Seite 281!

1065 1) Rechtecke 2) Parallelogramme

1066 a) schneidend c) windschief
b) parallel d) windschief

1067 a) AD, BE b) ABC, DEF

1068 a)
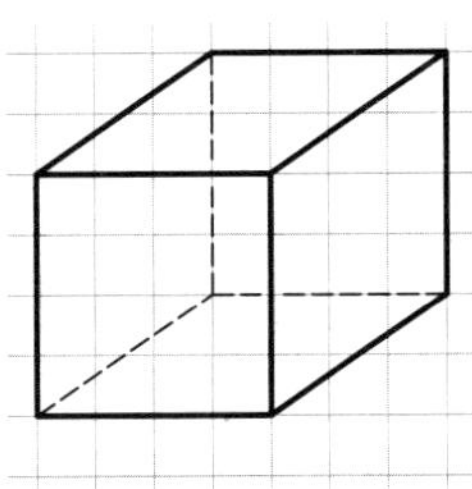
c)
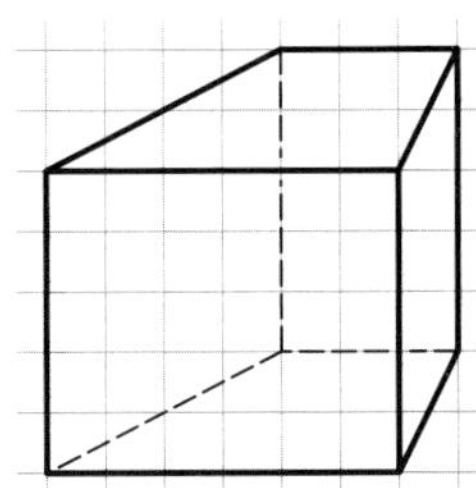
b)
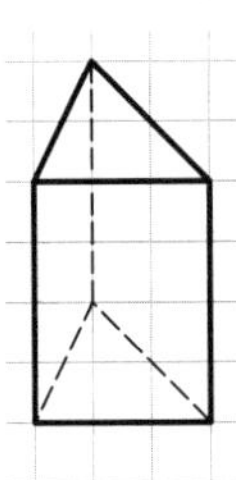
d)
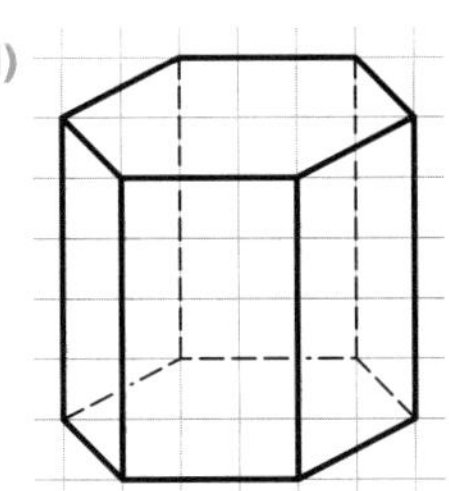

1069 zB: a)
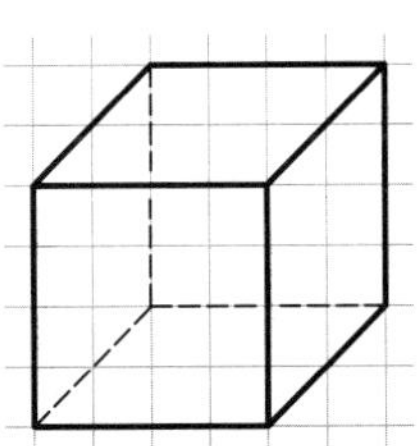
b)
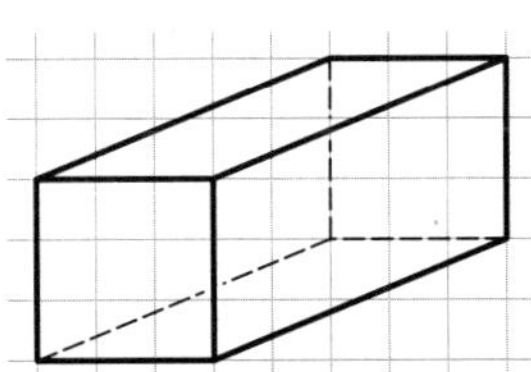
c)
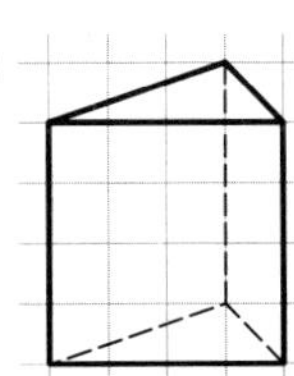

1069 d) 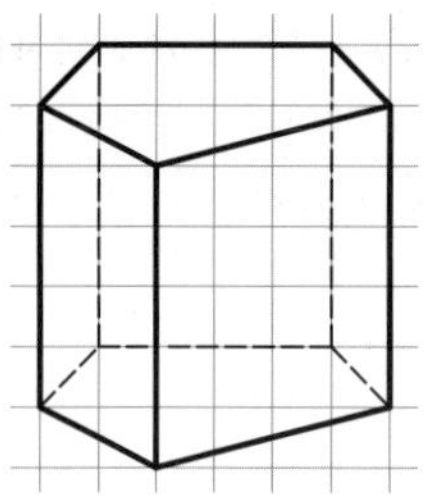 e) 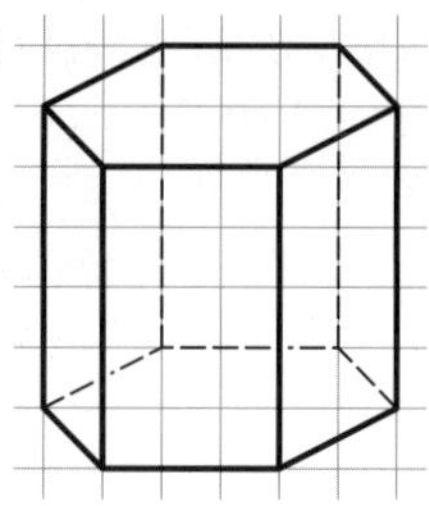 f) 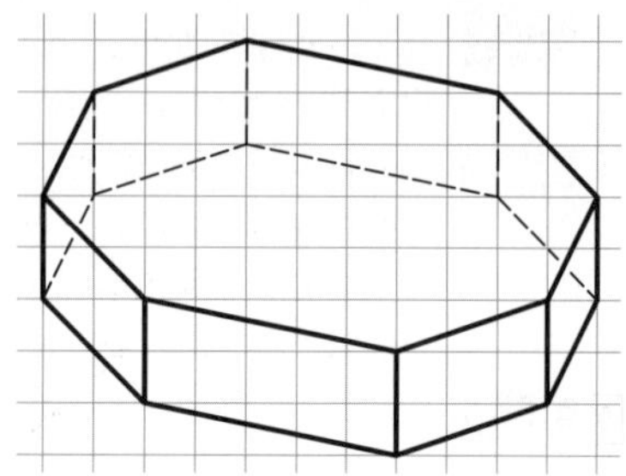

K 1070 Wähle zB: $\alpha = 45°$, $v = \frac{3}{5}$! Du erhältst eine Obersicht von links.

K 1071 a) Du erhältst eine Obersicht von rechts.
b) Du erhältst eine Obersicht von rechts.
c) Du erhältst eine Obersicht von links.
d) Du erhältst eine Obersicht von rechts.

K 1072 a), b) Beachte das Beispiel im Buch Seite 238!

K 1073 Beachte die Anleitung!

K 1074 a) 1) 3 2) Rechtecke 3) Verwende eine Farbstift!
b) 1) 5 2) 4 Rechtecke, 1 Quadrat 3) Verwende eine Farbstift!
c) 1) 9 2) 6 Rechtecke, 3 Quadrate 3) Verwende eine Farbstift!

1075 Die Schnittfigur ist ein gleichseitiges Dreieck.

K 1076 a) 1) Vergleiche mit Buch Seite 239!
2), 3) $d_1 = 5{,}9$ cm (5,93…)
b) 1) Vergleiche mit Buch Seite 239!
2), 3) $d_1 = 5{,}2$ cm (5,23); $d_2 = 6{,}2$ cm (6,22…)
c) 1) Vergleiche mit Buch Seite 239!
2), 3) $d_1 = 5{,}5$ cm (5,52…); $d_2 = 4{,}8$ cm (4,84…); $d_3 = 3{,}7$ cm (3,67…)

1077 a) $d_1 = 34$ cm, $d_2 = 78$ cm, $d_3 = 73{,}8$ cm (73,75…)
b) $d_1 = 5{,}3$ cm, $d_2 = 10{,}6$ cm (10,60...), $d_3 = 10$ cm

1078 a) $d_1 = 23$ mm (22,6…)
b) $d_1 = 6{,}1$ cm (6,08…)
c) $d_1 = 33{,}2$ cm (33,23…)
d) $d_1 = 1{,}47$ m (1,470…)

K 1079 1) 4 Symmetrieebenen 2) 3 Rechtecke und 1 gleichseitiges Dreieck

K 1080 a) Schnittfläche: Rechteck mit $h = 40$ mm und $h_a = 35$ mm
b) 30°, 30°, 90°

K 1081 a) 2 Symmetrieebenen; ein Rechteck bzw. ein zur Grundfläche kongruentes Dreieck
b) 1 Symmetrieebene; ein zur Grundfläche kongruentes Dreieck

1082 a) 7 Symmetrieebenen:
6 Rechtecke und ein zur Grundfläche kongruentes Sechseck

b) zB:

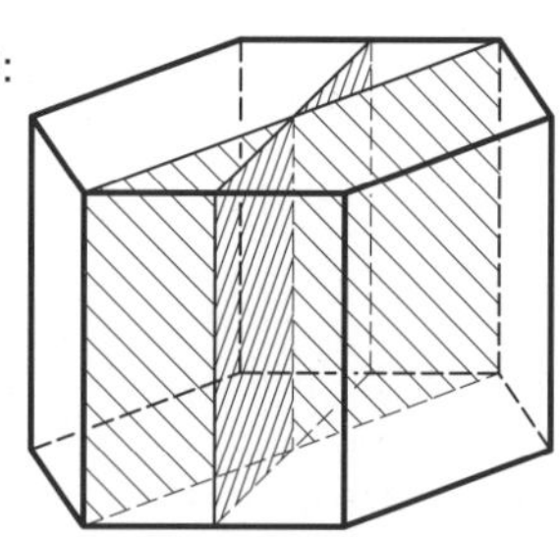

1083 a) 1) $d_1 = 5{,}1$ cm, $d_2 = 11{,}7$ cm, $d_3 = 11{,}1$ cm (11,06...) 2) $d = 11{,}9$ cm (11,94...)
b) 1) $d_1 = 20$ cm, $d_2 = 21{,}2$ cm (21,20...), $d_3 = 10{,}6$ cm 2) $d = 21{,}9$ cm (21,93...)

1084 a) 1) $d_1 = 25$ mm (25,4...) 2) $d = 31$ mm (31,1...)
b) 1) $d_1 = 7{,}6$ cm (7,63...) 2) $d = 9{,}4$ cm (9,35...)
c) 1) $d_1 = 44{,}5$ cm (44,54...) 2) $d = 54{,}6$ (54,55...)
d) 1) $d_1 = 1{,}58$ m (1,583...) 2) $d = 1{,}94$ m (1,939...)

K **1085** $\varepsilon = 35°$

1086 a) „Echter" Schnittpunkt: S
„Scheinbare" Schnittpunkte: Q, R, U, V
b) „Echter" Schnittpunkt: T
„Scheinbare" Schnittpunkte: P, Q, R, S

K **1087** a) 1) $V \approx 27$ cm³ (27,03)
2) $O \approx 62$ cm² (62,14)
3) $d_1 \approx 6{,}3$ cm (6,29...); $d_2 \approx 5{,}5$ cm (5,50...); $d_3 \approx 3{,}7$ cm (3,71...)
b) 1) $V \approx 707\,000$ cm³ (707 296)
2) $O \approx 53\,000$ cm² (53 320)
3) $d_1 \approx 88$ cm (87,6...); $d_2 = d_3 \approx 194$ cm (194,1...)
c) 1) $V \approx 405$ cm³ (405,224)
2) $O \approx 329$ cm² (328,56)
3) $d_1 \approx 10{,}5$ cm (10,46...)

1088 a) 1) $O_1 : O_2 = 1 : 9$ 2) $V_1 : V_2 = 1 : 27$
zB: $a_1 = 2$ cm, $a_2 = 6$ cm;
$O_1 = 24$ cm², $O_2 = 216$ cm²; $V_1 = 8$ cm³, $V_2 = 216$ cm³
b) 1) $O_1 : O_2 = 1 : 25$ 2) $V_1 : V_2 = 1 : 125$
zB: $a_1 = 1{,}5$ cm, $a_2 = 7{,}5$ cm;
$O_1 = 13{,}5$ cm², $O_2 = 337{,}5$ cm²; $V_1 = 3{,}375$ cm³, $V_2 = 421{,}875$ cm³
c) 1) $O_1 : O_2 = 9 : 16$ 2) $V_1 : V_2 = 27 : 64$
zB: $a_1 = 15$ cm, $a_2 = 20$ cm;
$O_1 = 1\,350$ cm², $O_2 = 2\,400$ cm²; $V_1 = 3\,375$ cm³, $V_2 = 8\,000$ cm³

1089 Man benötigt mindestens 36 Bausteine.

1090 a) 1) $V = 38\,900$ cm³ (38 880)
2) $O = 7\,130$ cm² (7 128)
3) $d_1 = 58$ cm (57.6...), $d_2 = 51$ cm, $d_3 = 43$ cm (43.2...), $d = 62 =$ cm (62.4...)
b) 1) $V = 864$ m³
2) $O = 576$ m²
3) $d_1 = 17.0$ m (16.97...), $d_2 = d_3 = 13.4$ m (13.41...), $d = 18$ m
c) 1) $V = 262$ m² (262.144...)
2) $O = 246$ m² (245.76)
3) $d_1 = 9.1$ m (9.05...), $d = 11.1$ m (11.08...)

1091 Der Behälter muss 20 cm hoch sein.

1092 1) $a = 1{,}5$ cm 2) $O = 22{,}5$ cm² 3) $V = 6{,}75$ cm³

1093 a) 1) 975 hl 2) 26 cm
b) 1) 3 900 hl 2) 104 cm
c) 1) 6 825 hl 2) 182 cm

1094 Wähle zB: $a = 2 \cdot k$, $c = 5 \cdot k$! a) $a = 14$ cm b) $h = 35$ cm

1095 Wähle zB: $a = 3 \cdot k$, $c = 7 \cdot k$! $a = 9$ cm, $c = 21$ cm $V = 1\,701$ cm³

1096 a) $a \approx 4{,}64$ dm b) $a \approx 5{,}85$ dm c) $a \approx 6{,}69$ dm

1097 a) $V = a \cdot b \cdot h$; Quader
b) $V = \frac{c \cdot h_c}{2} \cdot h$; dreiseitiges Prisma
c) $V = \frac{a \cdot b}{2} \cdot h$; Prisma mit einem rechtwinkligen Dreieck als Grundfläche
d) $V = \frac{e \cdot f}{2} \cdot h$; Prisma mit Deltoid oder Rhombus als Grundfläche
e) $V = a \cdot h_a \cdot h$; Prisma mit Parallelogramm als Grundfläche
f) $V = s^2 \cdot h$; quadratisches Prisma

1098 $h_c = 8{,}4$ cm 1) $O \approx 360$ cm² (361,2) 2) $V \approx 350$ cm³ (352,8)

1099 1) 448 m² 2) 768 m³ 3) 11,3 m (11,31…)

1100 1) 1,1 m (1,13…) 2) 6,7 m² (6,71…)

1101 a) 1870 m³ (1868,75) b) 273 m³ c) 257,5 m³ d) 5100 m³ (5105,28)

1102 Es müssen 7938 m³ Erdreich weggeschafft werden.

1103 Die Menge reicht für rund 300 m (303,…) Dammlänge.

1104 a) 9030 hl b) 541800 hl c) 13003200 hl

1105 Das Schwimmbecken enthält rund 7800 hl (7796,25) Wasser.

1106 zB: $G = G_1 + G_2$
Erstes Teilprisma: $V_1 = G_1 \cdot h$
Zweites Teilprisma: $V_2 = G_2 \cdot h$
$V = V_1 + V_2 = G_1 \cdot h + G_2 \cdot h = (G_1 + G_2) \cdot h = G \cdot h$

1107 zB: $G = G_1 + G_2 + \ldots + G_n$
$V_1 = G_1 \cdot h$, $V_2 = G_2 \cdot h$, …, $V_n = G_n \cdot h$
$V = V_1 + V_2 + \ldots + V_n = G_1 \cdot h + G_2 \cdot h + \ldots + G_n \cdot h =$
$= (G_1 + G_2 + \ldots + G_n) \cdot h = G \cdot h$

1108 1) $V = 4{,}5$ dm³
2) a) $m \approx 11$ kg (11,25) c) $m \approx 35$ kg (35,415)
b) $m \approx 86{,}85$ kg d) $m \approx 40$ kg (40,32)

1109 1) $V = 10{,}5$ dm³
2) a) $m \approx 26$ kg (26,25) c) $m \approx 83$ kg (82,635)
b) $m \approx 28$ kg (28,35) d) $m \approx 94$ kg (94,08)

1110 $V = 0{,}1$ dm³; $m = 24$ g

1111 a) $m \approx 7{,}6$ kg (7,55…) b) zB: Vorrangstraße, Parken

1112 a) $m = 2250$ kg c) $m = 12150$ kg
b) $m = 12600$ kg d) $m = 4050$ kg

1113 The mass is 56.7 kg.

1114 a) 7.8 kg (7.8125) b) 39 kg (39.0...) c) 302 kg (301.5...)

1115 Das Schmuckstück wiegt 5,2 g (5,211).

1116 $V = 40\ m^3$; $m = 14000\ kg$; 200 Personen

1117 a) $V_l = 112500$ cm3 b) $V_B = 5718\ cm^3$; $m \approx 3\ kg$ (2,859)

1118 $m \approx 0,82\ kg$ (0,818…)

K **1119** 1) Wähle für die Skizzen die Längen zB dreimal so groß wie in den Figuren!
a) 2) $V = 45\ dm^3$; $O \approx 2\ m^2$ (2,045) 3) $m = 351\ kg$
b) 2) $V = 58\ dm^3$; $O \approx 2,6\ m^2$ (2,578) 3) $m \approx 452\ kg$ (452,4)
c) 2) $V = 82\ dm^3$; $O \approx 3,6\ m^2$ (3,562) 3) $m \approx 640\ kg$ (639,6)
d) 2) $V = 80\ dm^3$; $O \approx 3,5\ m^2$ (3,48) 3) $m = 624\ kg$

1120 $V = 6552\ cm^3$; $m = 12\ kg$ (11,9…)

1121 a) $V = 6\ dm^3$ b) $V = 6,25\ dm^3$ c) $V = 52\ cm^3$ (51,8…) d) $V = 280\ cm^3$

1122 Die Höhe des Quaders beträgt 20 cm.

1123 a) $h_c = 45\ mm$; $A = 10,8\ cm^2$
b) Der Messingstab ist rund 193 cm (192,7…) lang.

1124 a) $641\ cm^2$ ($\underline{641,0…}$) b) $a = b = 35,8\ cm$ ($\underline{35,80…}$); $c = 50,6\ cm$ (50,63…)

1125 Der Stab ist 80 cm lang.

1126 Die Dichte beträgt rund $2670\ kg/m^2$ (2666,6…).

1127 zB: Lampenschirme, Pyramiden von Gizeh, Glasaufbau des Louvre in Paris, Turmdächer, Zelte, …

1128 a) 4 Ecken, 6 Kanten, 4 Flächen
b) 5 Ecken, 8 Kanten, 5 Flächen
c) 7 Ecken, 12 Kanten, 7 Flächen

1129 a) 3 Symmetrieebenen; Dreiecke
b) 4 Symmetrieebenen; gleichseitige Dreiecke
c) 5 Symmetrieebenen; Dreiecke
d) 6 Symmetrieebenen; gleichseitige Dreiecke

1130 a) ein Quadrat b) ein gleichschenkliges Dreieck c) ein gleichschenkliges Dreieck

K **1131** Vergleiche mit Buch Seite 251!

K **1132** Vergleiche mit dem Beispiel im Buch Seite 252!

K **1133** Das Netz besteht aus einem regelmäßigen Sechseck und 6 kongruenten, gleichschenkligen Dreiecken.

1134 A: Netz einer regelmäßigen quadratischen Pyramide.
B: Stellt kein Pyramidennetz dar.
Begründung: Bei einer rechteckigen Pyramide müssen je zwei gegenüberliegende Seitenflächen kongruent sein.
C: Stellt kein Pyramidennetz dar.
Begründung: Die Seitenflächen einer quadratischen Pyramide sind 4 kongruente gleichschenklige Dreiecke.
D: Netz einer rechteckigen Pyramide mit gleich langen Seitenkanten.

1135 a)
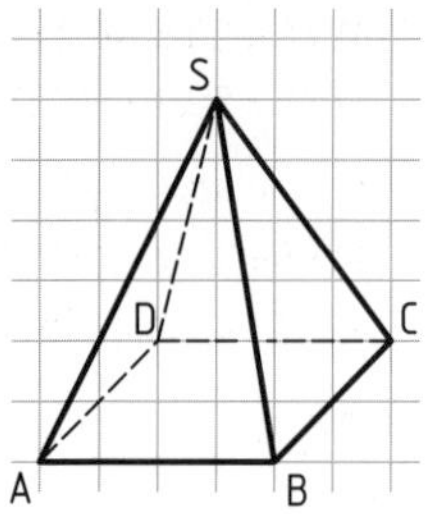

b)
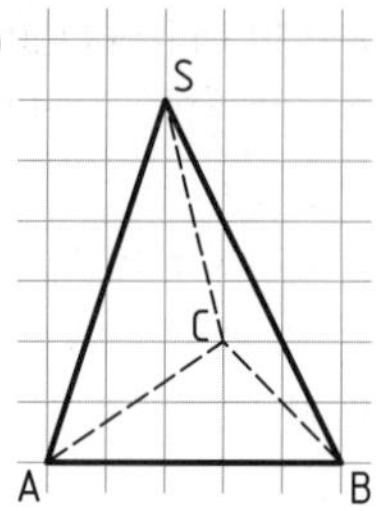

c)
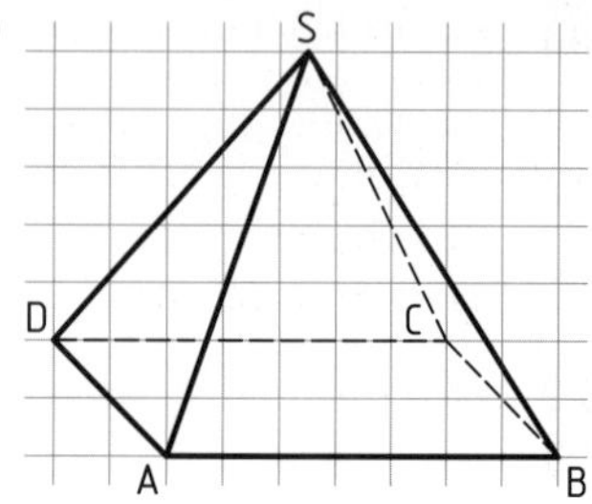

1136 a)
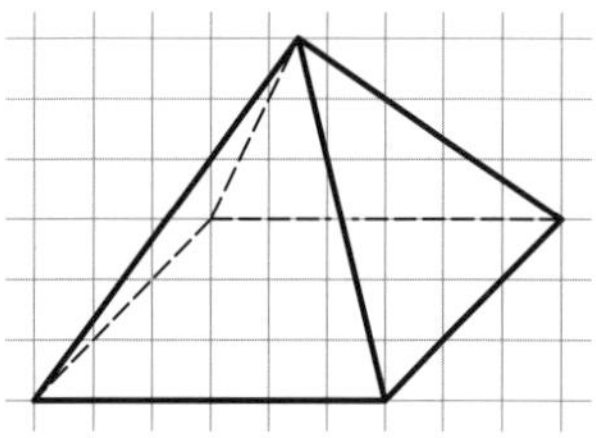

c)
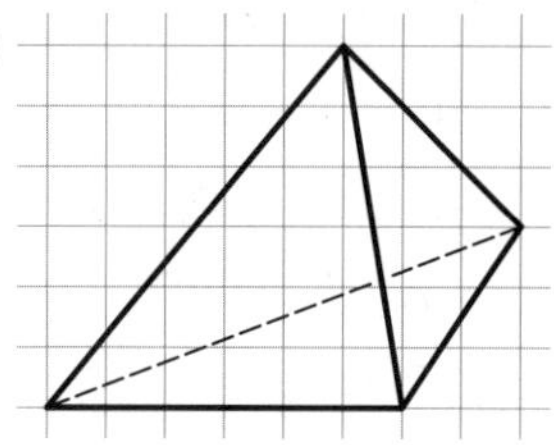

b)
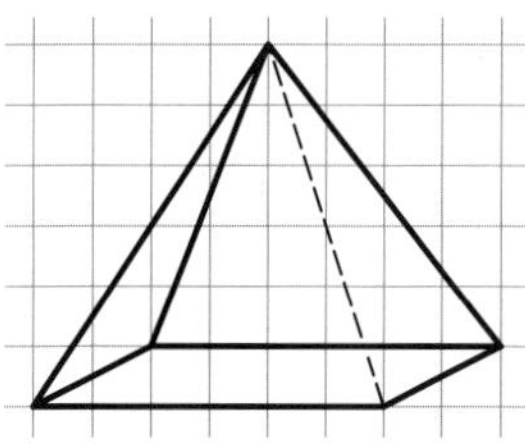

d)
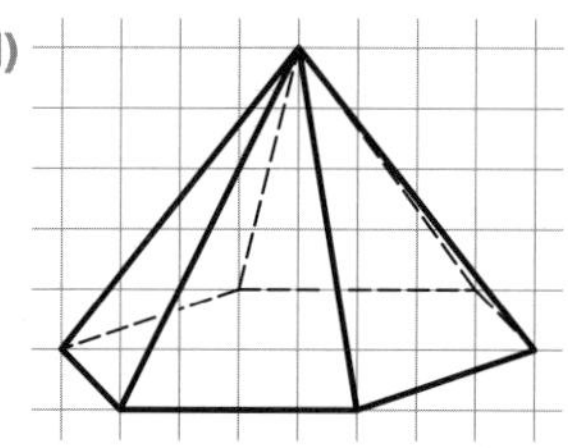

K **1137** Vergleiche mit der Lösung zu Aufgabe 1135 a)! Obersicht von rechts.

K **1138** Vergleiche mit der Lösung zu Aufgabe 1135 a)! Obersicht von links.

K **1139** Vergleiche mit der Lösung zu Aufgabe 1135 c)! Obersicht von rechts.

K **1140** Vergleiche mit dem Beispiel im Buch Seite 253! Obersicht von rechts.

K **1141** Vergleiche mit der Lösung zu Aufgabe 1136 d)! Obersicht von links.

1142 Der Flächeninhalt des Daches beträgt
a) 85,8 m² b) 44, 8 m²

1143 Es sind a) 364 m² (364,0…), b) 279 m² (279,0…) Zeltplane erforderlich.

1144 a) O = 420 cm² b) O = 966 cm² (966,24) c) O = 35,88 m²

1145 a) V = 384 cm³ b) V = 169 cm³ (168,96) c) V = 47 m³ (47,04)

1146 1) Das Volumen wird 3-mal so groß.
2) Das Volumen wird 9-mal so groß.
3) Das Volumen wird 27-mal so groß.

1147 1) Die Mantelfläche wird 3-mal so groß.
2) Die Mantelfläche wird 3-mal so groß.
3) Die Mantelfläche wird 9-mal so groß.

1148 1) Das Volumen beträgt 2 592 100 m³.
2) Die Mantelfläche beträgt 86 020 m².

1149	a) 1) s = 8,5 cm	2) M = 44 cm² (43,68)	3) O = 50 cm² (50,44)
	b) 1) s = 5,78 cm	2) M = 55,5 m² (55,488)	3) O = 85,1 m² (85,08...)
1150	a) 1) h_1 = 36 mm	2) M = 21,6 cm²	3) O = 30,6 cm²
	b) 1) h_1 = 35,2 cm	2) M = 16,1 dm² (16,05...)	3) O = 21,2 dm² (21,24...)
	c) 1) h_1 = 25,2 m	2) M = 645 m² (645,12)	3) O = 809 m² (808,96)
1151	a) a = 8,0 cm	b) a = 9 mm	c) a = 34 m
1152	a) h = 12 cm	b) h = 4,5 cm	c) h = 45 m

1153 bis **1162** Siehe Buch Seite 281!

1163 bis **1176** Siehe Buch Seite 282!

1177 bis **1195** Siehe Buch Seite 282, 283!

1196 bis **1205** Siehe Buch Seite 283!

1206 bis **1210** Siehe Buch Seite 283!